하루 10분
거꾸로 가계부

하루 10분
거꾸로 가계부

초판 1쇄 발행 2014년 11월 17일

지은이 김혜원

펴낸이 손은주 **편집주간** 이선화 **마케팅** 손은숙
경영자문 권미숙 **디자인** Erin **일러스트** Stephen P.

주소 서울시 마포구 공덕동 105-74 서부법조빌딩 6층
문의전화 070-8835-1021(편집) **주문전화** 02-394-1027(마케팅)
팩스 02-394-1023
이메일 bookaltus@hanmail.net

발행처 (주) 도서출판 알투스
출판신고 2011년 10월 19일 제25100-2011-300호

ⓒ 김혜원, 2014
ISBN 979-11-86116-00-5 03320

이 도서의 국립중앙도서관 출판시 도서목록(CIP)은 서지정보유통지원시스템 홈페이지
(http://seoji.nl.go.kr)와 국가자료공동목록시스템(http://www.nl.go.kr/kolisnet)에서 이용하
실 수 있습니다. (CIP제어번호: CIP2014031254)

돈 · 건강 · 꿈 · 결혼
내 인생을 바로 세우는 가계부 쓰는 법

하루 10분
거꾸로 가계부

김혜원 지음

알투스

돈에는 꼭 이름표를 달아주어야 한다
꿈과 미래의 플랜이 담긴 이름표를 달아주면
그 꿈과 미래가 '돈'이라는 말을 타고 달리게 된다

그 이름표를 달아주는 방법은
바로 '거꾸로 가계부'를 쓰는 일이다

하루에 10분만 시간을 내서
거꾸로 가계부를 쓰고 실천한다면

당신의 나머지 인생도
당신 스스로 써나갈 수 있을 것이다

거꾸로 가계부와 함께한 10년,
나의 첫 번째 꿈이 이루어졌다

친구도, 선배도, 후배도, 친구의 친구도…….
나에게 자주 묻는다.
그 나이에 어떻게 그렇게 돈을 모았느냐고.

나에게 돈 버는 비결을 물어오는 사람들은 공통점이 있다.
쇼핑을 좋아하고, 외식을 자주 하고, 자동차와 여행을 좋아하고,
남의 욕망과 나의 필요를 구분하지 못한 채
돈 모으는 재미보다 쓸 궁리를 먼저 찾는다.

나를 특히나 부러워하는 사람들은
돈을 많이 벌고 싶고, 부자가 되고 싶다는
막연한 환상만 있고 분명한 목표는 없는 경우가 많다.

내가 매일경제 주최 재테크 공모전에서 1등을 수상하고,

20대에 1억 원을 모으고,

30대 초반에 빚 없는 단독주택을 갖게 된 데에는

대단한 재테크 비결이 숨어 있을 거라고 생각하는 분이 많은 것 같다.

그런 분들께 이 책을 통해 나의 솔직한 비결을 알려드리고 싶다.

그 비결은 바로 '거꾸로 가계부'다.

그것은 꿈과 목표가 선명한 라이프맵을 그린 후,

거꾸로 오늘부터 미래의 그날을 위해 얼마의 돈을 저축하고

어떤 노력을 해야 할지 구체적으로 써내려가는 가계부다.

이것만 실천하면, 돈을 모으고 불릴 수 있을 뿐 아니라

내 인생도 꿈도 바로 세울 수 있다는 것을

나는 내 삶 속에서 입증해왔다.

작은 수첩에서 시작된 나의 가계부는 시간이 흘러감에 따라

꿈을 이루는 데 도움을 주는 고마운 '숫자 멘토'가 되어주었다.

나는 미래의 내 모습을 구체적으로 그려나가면서

가계부를 통해 시간을 거꾸로 끌어당겨 '그날의 나'를 위해

어떤 노력을 해야 하는지 기록했다.

그리고 매일 'To do list'를 통해 하루를 관리해왔다.

재테크를 잘하는 사람은 자신의 자산이

'왜, 어디로, 얼마나, 어떻게' 움직이고 있는지

잘 알고 제대로 관리할 줄 안다.

꿈을 이루는 사람도 마찬가지다.

원하는 미래를 선명하게 그리고 차근차근 실행해나간다.

재테크든 꿈이든 정말 이루고 싶다면

남의 시선, 남의 돈, 남의 행복이 아닌

나의 꿈, 나의 돈, 나의 행복에 집중해야 한다.

거꾸로 가계부는 나만의 길을 갈 수 있게 해주고

나를 바로 잡아주는 길라잡이이자 친구다.

나는 뛰어난 재무 스펙을 가진 재테크 전문가도 아니고,

소위 엄친딸도 아니며,

다 갖춘 집안의 도련님과 결혼한 건 더더욱 아니다.

그런 내가 이 글을 쓰려는 용기를 갖게 된 건

이제 막 월급 통장의 비애를 깨닫기 시작한 평범한 직장인들에게

거꾸로 가계부를 통해 꿈을 이룬 나의 생생한 경험담이

작은 도움과 힘찬 응원이 될 수 있겠다는 생각이 들었기 때문이다.

자신만의 라이프맵을 그리고

불평도 두려움도 없이 그저 묵묵히 해나가면

결국 꿈이 이루어질 것이라고 말해주고 싶다.

'Keep calm and carry on.'

2014년 10월

모든 건 생각대로 결국엔 나에게로,

세상의 모든 '잘 될 우리들'을 응원하며.

김혜원 드림

Thanks to

원고를 마무리하며 너무나 많은 감사한 분들의 얼굴이 떠오릅니다. 아직도 서
툴고 때론 비틀거리는 딸을 늘 곁에서 바라보며 아낌없는 사랑을 주시는 나의
부모님, 미안하고 고맙고 사랑합니다. 그리고 결혼과 함께 새로이 맞은 부모님,
사랑합니다.

꿈을 위한 저의 노력을 눈여겨봐주시며 기회를 주신 (주)희망재무설계 이천 대
표님과 초짜 저자를 끊임없이 독려해주셨던 알투스 식구들, 직장생활의 한 수
가 무엇인지 본보기가 되어주신 선배님, 해외에서 활약중인 차장님, 제겐 독수
리 6남매 같은 팀 동료들에게도 고마움을 전합니다.

그리고 3개월차 사회 초년생인 나의 동생 김준영과 6개월차 새댁이 된 후배 윤
지현, 누구보다도 자신의 현재 삶에 충실하고 열심히 사는 두 사람이야말로 이
책의 첫 번째가 독자가 되길 바랍니다.

마지막으로, 꿈도 욕심도 많은 인생의 동반자 덕분에 마음 고생 심했을(?) 나의
당신, 진정한 사랑이 무엇인지 알게 해준 그에게 고맙고 미안하고 사랑한다는
말을 전하고 싶습니다.

프롤로그
거꾸로 가계부와 함께한 10년,
나의 첫 번째 꿈이 이루어졌다   08

1.

스무 살, 숨은 재능까지 찾아주는 거꾸로 가계부
"뜬구름 잡다가 20대를 끝내고 싶지 않다면?"

거꾸로 가계부를 쓰면 추억도 수업이 된다   21

거꾸로 가계부를 쓰면 인생이 정리정돈된다   29

거꾸로 가계부를 쓰면 다이어트가 된다   38

거꾸로 가계부를 쓰면 달달한 연애가 시작된다   45

거꾸로 가계부를 쓰면 공부도 하게 된다   52

거꾸로 가계부를 쓰면 외국어도 익히게 된다   59

거꾸로 가계부를 쓰면 대학 때 1천만 원을 모을 수 있다   66

2.

20대, 48개월 만에 1억 원 모아주는 거꾸로 가계부
"예적금만으로도 1억 원을 모을 수 있다고?"

거꾸로 가계부를 쓰면 인생의 플래너가 된다   77

거꾸로 가계부를 쓰면 협상의 달인이 된다   87

거꾸로 가계부를 쓰면 절약이 즐거워진다   96

거꾸로 가계부를 쓰면 요요현상도 이겨낼 수 있다   104

거꾸로 가계부를 쓰면 세상 경험을 하게 된다   112

거꾸로 가계부를 쓰면 서른 전에 1억 원을 모을 수 있다   118

거꾸로 가계부를 쓰면 좋은 신랑감을 만날 수 있다   129

3.

30대, 월세 받는 집을 갖게 해주는 거꾸로 가계부
"한 달에 두 번 월급 받으며 살고 싶다면?"

거꾸로 가계부를 쓰면 진짜 어른이 된다　　　　　141

거꾸로 가계부를 쓰면 나도 금융 전문가가 된다　　　148

거꾸로 가계부를 쓰면 결혼과 동시에 돈을 벌 수 있다　　　159

거꾸로 가계부를 쓰면 내 건물도 갖게 된다　　　170

거꾸로 가계부를 쓰면 빚을 갚는 속도가 달라진다　　　180

거꾸로 가계부를 쓰면 직장의 근속연수도 늘어난다　　　188

거꾸로 가계부를 쓰면 평생 안심하고 살 수 있다　　　196

에필로그
어디로 가야 할지 길을 잃은 날,
250   나는 거꾸로 가계부를 펼친다

4.

40대, 그때를 후회하지 않게 해주는 거꾸로 가계부
"난, 왜 젊을 때 제대로 못했을까?"

거꾸로 가계부를 쓰면 인생이 달라진다   209

거꾸로 가계부를 쓰면 몸과 마음이 건강해진다   219

거꾸로 가계부를 쓰면 미래일기를 쓰게 된다   224

거꾸로 가계부를 쓰면 '꽃보다 할배'가 부럽지 않다   233

거꾸로 가계부를 쓰면 삶의 속도를 조절할 수 있다   242

거꾸로 가계부는 수입 지출 내역서가 아니다
청춘을 화려하게 빛내줄 가장 멋진 스펙이다

1

✳

스무 살, 숨은 재능까지 찾아주는 거꾸로 가계부

"뜬구름 잡다가 20대를 끝내고 싶지 않다면?"

거꾸로 가계부를 쓰면
추억도 수업이 된다

누구에게나 첫 번째 추억은 애틋하다. 내게도 처음과 관련한 수많은 추억들이 있지만 지금의 나, '가계부 쓰는 새댁'을 만들어준 첫 번째 용돈기입장은 더없이 소중하다. 처음으로 쓰기 시작한 용돈기입장이 계기가 되어 지금의 내가 있을 수 있었으니 말이다.

그 추억 한가운데에는 '엄마'라는 이름의 또 한 명의 새댁이 있다. 매일 저녁 설거지가 끝나면 식탁 위에 앉아 계산기를 두드리며 가계부를 쓰던 엄마. 나는 늘 그 앞에 앉아 숙제를 했고, 엄마의 가계부 속에는 어떤 이야기가 들어 있는지 궁금해했다.

단팥빵과 가계부, 그곳엔 또 한 명의 새댁이 있었다

"엄마, 이게 뭐야?"

"응, 이건 가계부라는 거야."

"가계부가 뭔데?"

"우리 혜원이 좋아하는 단팥빵 많이 사주려면 돈이 필요하거든. 그래서 쓰는 거야."

"돈이 필요한데 왜 이걸 써?"

"가계부를 쓰면 돈이 얼마나 필요한지, 또 얼마나 부족한지 다 보이거든."

엄마의 설명을 아무리 들어도 내 단팥빵과 가계부가 무슨 상관이 있는지, 돈이 필요하다면서 엄마는 왜 저런 걸 쓰는지 이해할 수가 없었다. 하지만 그 무렵부터 가계부에 대한 나의 짝사랑이 시작되었던 것 같다. 계산기를 두드리며 펜으로 무언가를 열심히 쓰는 엄마의 모습이 근사해 보였고, 가계부가 엄마의 비밀스런 일기장처럼 느껴졌다.

나는 문방구에 가서 가계부를 사달라고 엄마를 졸랐다. 엄마는 내게 헬로키티가 그려져 있는 분홍색 용돈기입장을 한 권 사주셨다.

"혜원이는 용돈기입장을 써볼까?"

용돈으로 받은 돈과 쓴 돈, 그리고 오늘 한 일과 내일 할 일이라는 4개의 칸이 있던 재미난 공책이었다. 그렇게 나의 가계부 쓰기는 시작되었다. 왠지 모르게 나만의 비밀스런 세상이 하나 생긴 것 같았다.

나는 일기장은 선생님께, 용돈기입장은 엄마에게 검사를 받았다. 엄마가 그려주는 별 5개와 스마일 표시 그리고 '참 잘했어요'라는 예쁜 글씨가 씌여진 용돈기입장을 보는 게 너무도 좋아서 정말 열심히도 썼다. 동기부여가 된 것이다. 그러면서 자연스럽게 돈의 흐름도 깨쳐나가기 시작했다.

"문방구에서 군것질거리 사먹느라 1,000원을 다 써버렸네. 그럼 아빠 구두를 닦고 용돈을 받아서 채워볼까?"

"세뱃돈은 아껴뒀다가 나중에 꼭 사고 싶은 걸 사야지."

용돈기입장을 쓰고 나서는 돈이 줄어들면 아까운 생각이 들기도 했고, 군것질을 하며 허투루 돈을 썼다는 후회를 하기도 했다. 또 엄마가 써주는 '참 잘했어요'를 보며 더 잘하고 싶은 욕심도 들었다. 무엇보다 돈이란 아껴두었다가 나중에 꼭 필요할 때 써야 하는 것이며, 노력하면(예컨대 아빠의 구두를 닦거나 청소를 돕는다든가) 얻을 수 있다는 걸 자연스럽게 터득해나갔다.

어린 나는 용돈기입장을 쓰면서 수입과 지출의 흐름을 파악하게 되었다. 나아가 돈의 쓰임과 절약의 필요성, 돈과 시간의 개념까지 연계해 생각할 수 있었고, 어느새 돈에 관한 나만의 규칙을 만들어나가고 있었다.

그러니까 용돈기입장은 나의 일기장이자, 학교에서도 들을 수 없는 또 다른 수업이자, 내 어린 시절의 추억을 담은 앨범과도 같다. 지금도 나는 가계부를 쓰면서 나의 하루를 정리한다.

역경매 낙찰로 장만한 우리집의 추억

유치원에 다닐 무렵 우리집은 3층짜리 다세대 주택의 맨 꼭대기층에 있었다. 매일 헉헉대며 계단을 오르내리려야 했던 그 집은 우리집이 아닌 '남의 집'이었다. 그때 엄마의 꿈은 요즘 새댁들과 다를 바 없었다. 바로 '내집 장만'이었다. 당시 우리 가족은 아버지 월급을 모아 마련한 종잣돈으로 7평 남짓한 방을 구해 살았다. 부엌 하나 그리고 공용화장실이 딸린 월세 단칸방이었다. 그런 우리 가족에게 '화장실 딸린 우리집'을 원하는 건 엄마만의 꿈은 아니었을 게다.

엄마는 내집 마련을 위해 아버지 월급의 80퍼센트 이상을 저축하면서 종잣돈을 불려나갔다. '절약 신공'이었던 엄마의 아끼고 또 아낀 이야기는 그녀의 가계부가 기억하고 있었다. 이제 새댁이 된 나는 엄마처럼 가계부를 써내려가면서 더 분명히 깨닫게 되었다. 누구나 돈을 벌지만 그 돈에 '꿈'이라는 이름표를 달아주면 과정이 달라진다는 것을. 꿈이 생기면 절약을 위한 인내와 절제가 고통이 아닌 꿈을 이루기 위한 즐거운 과정이 된다는 것을 말이다.

하지만 엄마의 내집 마련의 꿈은 결코 순탄하지 않았다. 당시 집주인의 주택담보대출금액이 상당해서 결국 집이 경매로 넘어가게 된 것이다. 우리 가족은 하루아침에 길바닥에 나앉게 되었다. 아버지는 경매 딱지를 붙이러 온 사람들에게 간곡히 사정을 말했지만 거절당했고, 친척들에게 도움을 청했지만 가난한 집안의 장남 장녀였던 부모님은 아무런 도움을 받을 수 없었다. 그러나 엄마는 무너지지 않았다. 꿈이 있었기 때문이다.

"걱정하지 마, 여보. 누가 이 집을 경매로 사려고 한다면 그 누군가가 우리가 되면 되잖아." 당시 역경매 낙찰을 위해서는 3,000만 원이 필요했다. 엄마는 3년 동안 계모임을 통해 꾸준히 모아온 종잣돈을 비롯해 푼돈을 아껴 만들어두었던 비상자금까지 모아 약 2,700만 원을 마련했다. 모자라는 300만 원은 대출을 받아야 했는데 다행히 동네분들이 빌려주셨다. 그동안 나누며 살아온 엄마의 마음 씀씀이와 성실함을 잘 알고 있었기 때문이다.

우여곡절 끝에 돈을 마련한 엄마는 당시 같은 다세대주택에 살던 1, 2층 세입자들과 힘을 합쳐 경매 브로커들과 맞섰고, 힘겨운 과정을 거쳐 역경매 낙찰에 성공했다. 온가족이 길바닥에 나앉을 뻔했던 위기는 오히려 기회가 되었고, 엄마의 꿈은 이루어졌다. 이후 나와 동생이 커가자 방 하나가 더 있는 아파트를 꿈꾸면서 엄마는 또다시 종잣돈을 불려나갔다. 꿈이 있는 사람은 다르게 행동한다. 엄마는 사소한 것에서부터 꿈에 다가가기 위한 노력을 했고, 그 과정은 꾸준히 반복되었다. 꿈을 향해 부단히 정진하는 사람에겐 행운이 찾아오게 마련인지 엄마는 결혼 5년 만에 30평대 아파트 청약에 당첨되었다.

그리고 부동산 중개인이라는 제2의 인생까지 살게 되었다. 엄마는 지금 부동산 중개소를 운영하고 계신다. 아마도 지금이라면 그렇게 경매로 넘어갈 위험한 집은 구하지도 않았을 것이다. 또 아무리 중개료를 많이 준다고 해도 그런 거래는 하지 않으셨을 것이다. 그녀에게 돈이란 삶에서 많지도 적지도 않아야 하는 숫자에 불과하니까.

사실 엄마는 돈을 쓰는 것보다 시간을 잘 쓰는 삶을 살아왔다. 또 돈이란 정직하게 벌어서 정직하게 써야 선순환되어 더 크게 들어온다고 믿는 분이다. 그런 마음가짐이 있었기 때문에 당시 집주인이나 경매 브로커가 주었던 청천벽력 같은 고통도 꿈을 이루는 기회로 바꿀 수 있었던 게 아닐까.

엄마가 새댁 시절 내집 마련을 위해 써내려간 깨알 같은 숫자들에 담긴 슬프고도 웃긴 추억을 따라가보면 용돈기입장을 쓰던 한 소녀가 있다. 그리고 그 소녀는 어느새 새댁이 되어 한 가정의 가계부를 쓰면서 또 다른 추억을 만들어가고 있다.

그녀의 가계부 속 추억은 내겐 수업이었다

엄마의 재테크는 정말 단순하다. 주식이나 펀드 같은 투자에 문외한이었던 새댁은 '낭비 없는 지출 관리'에만 집중했다. 또한 시간 관리의 달인이었기 때문에 아버지의 수입에만 의존하지 않았다. 짬이 날 때마다 식당 일에서부터 미싱 아르바이트, 출판사의 책 홍보, 화장품 방판 사업에 이르기까지 수입을 불려나갈 수 있는 다양한 일을 해왔다. 엄마는 남편 혼자서 가족의 생계를 책임져야 한다고 생각하지 않았다. 지금 돌이켜보면 온 가족이 합심해서 함께 벌고, 쓸 때도 즐거운 마음으로 함께 써야 한다고 생각한 엄마 덕분에 경제적인 위기가 닥쳤을 때도 아빠가 짊어져야 할 짐의 무게가 조금은 가벼웠던 것 같다.

나의 가계부 재테크도 엄마와의 추억에서 비롯되었다. 그 추억은 단순하지만 꾸준한, 그리고 방향성을 잃지 않는 삶을 살게 하는 원동력이 되어주었다. 무엇보다 엄마가 그랬듯이 나 역시도 가계부를 통해 돈이라는 것에 '꿈'이라는 꼬리표를 달면 어떤 저력이 생겨나는지를 알게 되었다. 그리고 수입과 지출의 흐름을 통해 돈이 돌고 도는 선순환의 힘도 깨닫게 되었다.

내 기억 속의 엄마는 빠듯한 살림살이에도 찡그리거나 불평하는 법이 없는 참 강한 여자였다. 물론 혼자 있을 때는 많이 울기도 했겠지만 가족들에게는 그 힘듦을 견뎌내는 과정을 보여주지 않았다. 적어도 내 기억 속의 엄마는 그랬다.

이제 새댁이 된 나는 매순간 그 삶을 받아들일 줄 아는 현명한 여자였던 엄마 같은 삶을 살고자 노력중이다. 그녀는 자신이 할 수 있는 범위 안에서 근검절약을 실천하며 주위 사람들에게는 작은 것 하나라도 베풀 줄 알았다. 추억 속 엄마의 삶은 내게는 삶의 지혜를 만들어나가는 인생 수업이 된 것이다.

"혜원아, 돈으로 살 수 없는 것들이 세상엔 참 많단다."

절대 돈으로는 살 수 없는 것들을 위해서 나는 돈을 모으고 있는 것인지도 모른다.

거꾸로 가계부를 쓰면
인생이 정리정돈된다

진심으로 설레는 사명을 발견하는 데
정리는 분명 도움이 된다.
진짜 인생은 '정리 후'에 시작된다.
_《인생이 빛나는 정리의 마법》 중

어릴 적, 내 기억 속 엄마의 옷장은 늘 먼지 하나 앉을 틈 없이 말끔했다. 옷장 속에는 계절별·종류별로 옷들이 가지런히 정리되어 있었고, 평소 자주 꺼내 입는 옷들도 상하의별로 구분되어 있었다. 비싼 옷도 아니고 가짓수도 많지 않았지만 엄마의 정성스런 손길 덕분에 옷가지들은 늘 단정했고 꽤 오랫동안 새 옷처럼 말끔했다. 정리정돈이 잘된 옷으로는 코디하기도 쉬웠으니 당연히 새 옷을 살 일도 적었다. 쇼핑을 할 때도 옷장 속에 어떤 옷들이 있는지, 어떤 액세서리들이 있는지를 기억하면 진짜 필요한 것만 현명하게 살 수 있다.

언젠가 엄마 몰래 생일 축하 편지를 숨겨놓으려고 열어본 화장대 서랍도 마찬가지였다. 한눈에 봐도 어디에 뭐가 있는지 쉽게 찾아서 쓸 수 있도록 엄마만의 시스템하에 잘 정리되어 있었다. 엄마가 나에게 물려준 정리정돈 습관은 그 어떤 유산보다 소중하다. '정리 신공' 엄마의 알뜰살뜰한 삶을 물려받은 나는 어릴 때부터 나만의 정리정돈 원칙을 만들어 가계부를 쓰게 되었고, 그 덕에 돈은 물론 내 삶도 정리하며 사는 습관을 갖게 되었다.

정리는 돈과 시간, 나아가 인생까지 아껴준다

"옷장 정리만 잘해도 철마다 새 옷을 살 필요가 없단다. 음식도 마찬가지야. 냉장고 정리만 잘하면 장 보러 가서 꼭 필요한 것만 살 수 있잖니. 시간 절약되고 돈도 아끼고 얼마나 좋으니."

엄마가 내집 마련의 꿈을 꾸며 살림을 즐겁게 꾸려나갈 수 있었던 이유 중 하나는 정리정돈하고 가계부 쓰는 습관에 있었던 것 같다. 정리만 잘해도, 가계부만 잘 써도 절약은 저절로 되니 말이다.

정리는 돈과 시간, 나아가 인생까지 아껴준다는 엄마의 정리 예찬은 나에게 가장 소중한 가르침이었다. 그리고 내 삶을 가계부로 재탄생시켜주었다. 정리하는 습관은 가계부 쓰는 습관을 만들어주었고 돈을 관리하는 방법도 자연히 터득하게 해주었기 때문이다.

혹시 계절마다 옷과 구두를 사는데도 입을 옷이 없다고 생각하거나, 주말마다 마트에서 카트 한가득 장을 보는데도 오늘은 또 뭘 해먹나 고민한다면 옷장, 신발장, 냉장고 정리부터 해보자. 그동안 쓸데없는 것을 얼마나 무의미하게 사들이고 제대로 활용하지 않았는지 깨닫게 될 것이다. 매달 월급은 꼬박꼬박 들어오는데 통장의 잔고는 며칠 못 가는 이유도 알게 될 것이다.

목돈을 만들고 싶다면 재테크에 관심을 갖기 전에 정리 정돈부터 시작하자. 그러면 옷장에서 날개 달린 옷이 나오고, 신발장에서는 밑창만 갈면 한 시즌은 거뜬히 신을 수 있는 하이힐을 발견할 수 있을 것이다. 파격세일, 창고대방출이라는 홍보문구에 솔깃해서 쇼핑을 위한 쇼핑에 돈과 시간을 쓰지 않게 된다.

살림 정리를 통해 단순하고 정갈하게 살겠다고 결심한 사람에게 생활비 절약은 기본이다. 내게 더 이상은 필요하지 않은 물건들을 중고 매장이나 벼룩시장에 내다 팔면 가계부뿐 아니라 통장까지 웃게 된다.

언젠가 서랍 정리를 하다가 오래된 화장품 샘플들을 한아름 쓰레기통에 버린 적이 있다. 어찌나 마음이 쓰리던지. 나중에 여행갈 때 써야지, 화장품 똑 떨어지면 써야지 하고 아껴두었던 것들인데, 제대로 정리를 해두지 않아 유통기한이 한참 지나도록 방치되어 결국 버려지고 말았다. 그 후론 서랍도 수시로 정리한다.

음식도 마찬가지다. 싱싱한 식재료를 산다 해도 제대로 정리를 하지 않은 채 검정 비닐봉지에 넣어두면 어디에 무엇이 있는지 알 수가 없어 봉지 속에서 썩어가기 십상이다. 그러면 새로운 재료를 또 사야 한다. 돈과 시간을 낭비하고, 건강과 다이어트에도 악영향을 미친다.

만약 당신의 지출 내역에서 외식비와 식비 비중이 너무 크다면 우선 냉장고부터 정리해보길 권한다. 어디에 어떤 식재료가 있는지 파악해 제자리를 정해두고, 유통기한까지 표시한 메모지를 냉장고 문에 붙여둔다면 식비와 외식비는 서서히 줄어들 것이다. 나는 일주일에 한 번, 장보러 가기 전에 꼭 냉장고 정리를 한다. 어떤 식재료가 얼마나 있는지부터 파악하고 메뉴와 필요한 물품을 리스트업하는 것이다. 그리고 장을 봐온 물건들은 투명한 봉지나 정리용기에 한 번 먹을 분량으로 소분해놓는다. 귀찮은 일이라 생각하지 말고 돈 버는 일이라 생각하면 즐겁게 실천할 수 있다.

실제로 나는 그 덕분에 식비와 외식비 지출을 상당히 줄일 수 있었다.

현명한 지출 습관을 길러주는 새댁의 정리 노하우

백화점 매장에 디스플레이되어 있는 화려한 옷들은 애석하게도 내 관심을 끌지 못한다. 내가 옷을 고르는 기준은 따로 있다. 내게는 옷장 속에 있는 다른 외출복들과 코디했을 때 잘 어울리는지 그리고 시간이 지나도 유행을 타지 않고 오래 입을 수 있는지, 또 세탁이 까다롭지는 않은지가 중요하다. 가장 중요한 것은 나와 잘 어울리고 내 마음을 끌어당기는 옷이어야 한다는 점이다. 남들이 보기에 예쁜 것보다 내 눈에 예뻐야 손이 더 가고, 그래야 옷장에 썩혀두지 않기 때문이다. 이는 대학생 시절부터 정리정돈을 꾸준히 생활화해나가며 얻게 된 지혜이기도 하다.

화장품을 살 때도 쇼핑의 정석은 존재한다. 화장대 위 그리고 서랍 안 물품들을 평소에 주기적으로 정리해보자. 그러면 화장품을 사야 할 시기도 예상 가능하고, 적기에 필요한 것들의 구매 목록을 뽑아보면 예산 관리를 하는 데도 도움이 된다.

화장품, 피부와 색조 둘 중 하나에 집중하기

여자들에게 화장품을 위한 지출은 식비와 다를 바 없다. 몸에 좋은 거 사먹듯 피부에 좋다는 건 이것저것 다 사보고 싶은 게 여자들 심리다. 나도 화장품에 관심이 많은 편이지만 모든 화장품 라인에 돈을 쓰지는 않는다. 대신 피부에 집중한다. 그래서 색조 화장품을 유행따라 사거나 비싼 제품을 쓰지 않고 기초 화장품에만 집중한다. 대용량 제품보다는 작은 용량의 제품을 구매해 교체주기를 짧게 한다. 또 여러 가지 브랜드를 사용하기보다는 평소 내 피부에 맞는 한두 가지 브랜드를 정해두고 꾸준히 사용하는 편이다. 그러면 샘플을 얻거나 제품 홍보를 위한 각종 프로모션의 혜택을 누릴 가능성도 커진다.

특히 샘플은 우유팩에 종류별로 구분해서 관리하고 있다. 그렇게 모아둔 샘플을 다 쓰면 필요한 화장품을 구매하곤 한다. 색조 화장품은 중저가의 저렴한 로드숍 제품을 구매하는데 '브랜드 데이' 같은 알짜 정보를 알아두고 세일 기간에 맞춰 구매한다.

석 달에 한 번 옷장, 서랍, 신발장 정리하기

짧게는 1개월 길게는 3개월 단위로 옷장, 신발장, 책상 서랍을 정리한다. 특히 옷장을 정리할 때는 계절별로 자주 입는 옷과 그렇지 않은 옷을 구분해놓는다. 자주 입는 옷들도 한두 달에 한 번씩 꺼내서 먼지도 털고 보관 상태도 확인한 후 다시 넣어둔다. 그러면 내가 어떤 옷을 갖고 있는지 기억하기 때문에 쇼핑을 가서도 기존 옷과 매치가 잘 되고 꼭 필요한 아이템만 살 수 있다. 당연히 충동구매를 억제하는 효과도 있다.

또 나는 서랍이 딸린 책상을 쓰지 않는다. 서랍이 있으면 뭐든 담아두게 되어 나중에는 쓸데없는 것들을 잔뜩 보관하기 때문이다. 결혼 후엔 아예 책상을 사지 않았다. 남편이 결혼 전에 쓰던 아담한 원목 식탁을 책상으로 사용하고 있다. 서랍 대신 파일함을 책상 위에 두고 매일 쓰는 필기구와 일기장, 영수증 보관 파일만 넣어둔다.

신발장도 계절마다 정리하는데 평소 잘 신는 것은 눈에 잘 띄는 곳에 두고 그렇지 않은 것일수록 위쪽에 올려둔다.

영수증을 통해 돈의 흐름 파악하기

요즈음은 매달 이메일로 카드명세서를 받아볼 수 있다. 그럼에도 불구하고 나는 영수증을 모은다. 그 이유는 두 가지다. 첫째, 돈을 지불하고 난 후 영수증 내역에 오류가 없는지 확인하기 위해서다. 간혹 계산이 잘못된 경우가 있기 때문에 반드시 그 자리에서 확인한다. 둘째, 예산을 세우고 가계부를 쓸 때 영수증을 바탕으로 소비 이력을 재확인할 수 있기 때문이다.

공과금 영수증도 일정 기간 모아둔다. 공과금은 자동이체로 요금이 빠져나가기 때문에 금액에 덜 민감해지는 경향이 있는데, 영수증을 모아서 공과금 내역의 변화를 월별로 살펴보면 가시화된 등락 폭을 금세 체감할 수 있다. 그래서 난방비나 수도세를 절약하는 데 큰 도움이 된다.

모아놓은 영수증은 한 달 주기로 가계부 내역을 정산할 때 최종 점검한 후 버린다. 한 달 동안 모아놓은 영수증의 부피를 보면 새삼스레 내가 얼마나 많은 돈을 쓰는지 확실히 실감할 수 있다.

가방과 지갑도 종종 정리하자. 그래야 기한을 넘기지 않고 포인트카드나 상품권 등을 적재적소에 사용할 수 있다. 지갑 안에 오랫동안 묵혀둔 문화상품권을 두고도 영화표를 현금으로 예매하거나 포인트 점수의 유효기간이 지나서 제대로 사용하지 못하는 경우가 생각보다 많기 때문이다.

통장도 정기적으로 정리한다. 만기 후 목돈을 이용해 어떤 상품으로 갈아탈지 미리 알아보고 계획을 세워둬야 돈을 묵히는 일 없이 발 빠른 재투자가 가능하다.

일상이 정리되면 절약은 절로 된다

"어머, 이게 여기 있는 줄도 모르고 또 샀네."

내 모든 선택은 나의 취향을 반영한 것이기 때문에 사들이는 물건이 비슷비슷하게 마련이다. 그러므로 집안 정리만 잘해도 쓸데없는 소비를 줄일 수 있다. 그리고 살림살이를 정리하다보면 거기에 얽힌 에피소드와 추억들이 되살아나고, 새삼 행복하게 간직했던 소중한 기억들을 다시 일깨우게 된다. 어찌 보면 정리정돈은 과거를 정리하는 게 아니라 앞으로의 삶을 위한 준비인지도 모른다.

가계부를 쓰면서 내 돈의 흐름을 정리하다보면 자연스럽게 절약 노하우가 생긴다. 또 쓸데없는 소비를 하지 않는 '자발적 제어'가 가능해진다. 무엇보다 일상이 정리된다. 불필요한 지출이 줄어들어 삶은 더 단순해지고 계획에 따른 실천은 뭔가 이루어냈다는 만족감을 주기 때문에 소비하면서 얻는 쾌감보다 더 큰 충만감을 준다.

'정리가 인생을 바꾼다.'는 말이 있다. 나는 정리로 인생도 바꾸고 통장 잔고의 '0'도 해마다 개수를 늘리고 있다.

거꾸로 가계부를 쓰면
다이어트가 된다

커피값을 아껴서 20년 전부터
매일 1만 원씩 삼성전자 주식에 투자했다면
그 돈은 무려 20억 원이 됐을 것이다.
_존 리

고등학생 시절과 사회 초년생 시절, 나는 유난히 위대했었다(위
가 컸다). '스트레스를 받는다'는 핑계로 내 지갑에서 푼돈의 간
식비가 빠져나가는 만큼 내 몸무게도 불어났다. 간식비를 계산
해본 사람들은 안다. 그 돈이 모이면 꽤 어마어마하다는 것을.

간식비를 푼돈쯤으로 여기고 별다른 의식 없이 매일 써오던
나는 그 금액을 수치화해서 본 순간, 비로소 이성적으로 깨닫
게 되었다. 내 지갑의 출혈을 막기 위해서는 용돈기입장에 간
식비에 관한 기록이 필요했다. 그러고 나니 당시 내 스트레스
의 주범은 학업이 아닌 살이라는 사실도 알게 됐다. 구체적인
수치를 직접 보고 나서야 그 살들은 내가 돈을 주고 스스로 산

것이라는 뼈아픈 반성을 하게 되었고, 이대로는 안 된다는 의
지를 불태울 수 있게 되었다.

90만 원짜리 빵살 그리고 1주 2빵 선언하기

고등학생 시절, 빵순이었던 나는 2교시 수업이 끝나는 종만
울리면 친구들과 매점으로 달려가 단팥빵과 흰 우유를 사먹곤
했다. 그 덕분에 교복 입기가 민망할 정도로 '빵살'이 올라 꽤 똥
글똥글해졌다. 내 용돈기입장에는 매일같이 '매점 빵'이라는 글
자와 2,000원, 3,000원이라는 마이너스 숫자들이 늘어갔고, 동시
에 거울 앞엔 낯선 내가 서 있었다.

하루 평균 2,500원~3,000원 수준의 간식비도 안 쓰고 어떻게
사느냐고 반문하는 이들이 있을 것이다. 당시엔 나도 그랬다. 그
런데 그 적은 돈도 '시간'을 만나면 예상치 못한 금액으로 불어
난다는 걸 아는가. 나는 그 사실을 고등학교 1학년을 마치고 용
돈기입장을 정리하며 깨달았다.

"90만 원? 맙소사. 이게 진짜 내가 단팥빵 사먹으면서 지난 1
년 동안 쓴 돈이란 말이야? 하루에 딱 한 번 매점에 갔을 뿐인
데……."

여고생이던 내겐 그 숫자가 믿기지 않았다. 하지만 하루

3,000원, 한 달 7만 5,000원(25일 기준)으로 계산해보니 1년에 90만 원이 맞았다. 13년 전 물가로 90만 원이면, 현재 물가 기준으로 환산했을 때 비정규직의 한 달 월급에 조금 못 미치는 돈이다. 이걸 3년 동안 예금은커녕 안 쓰고 그냥 갖고만 있었어도 원금이 270만 원인 셈이다. 만약 지금 이 1년 동안 쓴 간식비를 연리 3퍼센트 예금에 불입하면 92만 2,842원이라는 목돈을 손에 쥐게 된다. 그리고 3년 동안 간식을 사먹는 대신 꾸준히 저축했다면 무려 276만 8,526원이라는 큰돈이 되는 것이다. 푼돈도 시간과 합쳐지면 목돈이 된다. 이는 변할 수 없는 진리다.

간식비가 지닌 무한한 가능성을 발견한 나는 곧바로 '1주 2빵'을 선언했다. 일주일에 딱 두 번, 정말 간절히 원할 때만 빵을 사먹자고 다짐하고 아예 한 달 예산도 정해서 스스로에게 다짐을 받아냈다. 그리고 역계산한 숫자를 용돈기입장에 적어두었다. '1주 2빵'을 하면 무려 57만 원이 넘는 돈을 오히려 벌게 되는 것이라고 되내이면서 말이다.

1주 5빵 간식비

3,000원(일) / 15,000원(주) / 900,000원(1년)

1주 2빵 간식비

3,000원(일) / 6,000원(주) / 324,000원(1년)

'1주 2빵'을 매주 지킬 수는 없었다. 하지만 매점 가는 날을 동그라미로 표시해가면서 한 주에 동그라미 2개를 넘기지 않도록 정말 애를 썼다. 이런 굳은 결심은 무의식 속에서 내 행동을 제어했다. 습관적인 매점행도 끊을 수 있었고 큰 갈등 없이 스스로를 통제해나갈 수 있었다.

예쁜 바디 라인을 지닌 여대생이 되고 싶은 소망을 담아, 용돈기입장에는 잡지에서 오려붙인 날씬한 몸매의 아이돌 사진들을 가득 붙였다. 이런 노력 덕분에 빵살도 서서히 빠지기 시작했고, 무엇보다 불필요한 지출을 계획하에 통제하는 생활 패턴을 연습해나갈 수 있었다. 덕분에 대학 입학 즈음에는 그 많던 빵살이 감쪽같이 사라졌다. 1주 2빵 다이어트의 승리였다.

라떼 대신 하루 1.5리터의 물 마시기 전략

학교나 회사에서 점심식사 후 으레 한 잔씩 마시는 분위기에 휩쓸려 커피값을 계산해본 적이 있을 것이다. 그런데 한 잔씩 마시는 커피의 한 달, 1년치 금액이 얼마나 되는지 알면 깜짝 놀랄 것이다.

직장인이 된 후, 수많은 별다방과 콩다방의 달콤한 라떼가 나를 유혹했다. 그때도 5,000원짜리 음료 한 잔의 유혹을 값으로 책정해보았다. 한 잔의 달달한 즐거움을 주 5일 동안 반복할 경우 1

년이면 책 100권을 살 수 있는 적지 않은 돈이 된다. 더군다나 그 음료의 칼로리는 또 얼마인가!

1일 1라떼 = 책 100권(1년 기준)
5,000원(일) / 25,000원(주) / 1,500,000원(1년)

다행인지 불행인지 나는 직장인이 된 이후 마침 다이어트가 필요한 몸 상태였다. 좀더 가볍게 살고자 스스로 내린 결정은 하루에 물 1.5리터를 마시는 것이었다. 덕분에 텀블러를 갖고 다니면서 음료 대신에 물을 마셨다. 자칫 분위기에 휩쓸려 습관적으로 가게 되는 카페에서의 지출을 그렇게 조금씩 억제시켜나갔다. 처음엔 어색하고 조금 부끄러울 수도 있다. 하지만 몸은 가볍게, 통장은 묵직하게 만들 나만의 결정인데 누가 좀 비웃으면 어떠랴. 타인의 이목으로부터 자유로운 삶을 살자고 다짐했다. 그리고 생각만큼 사람들은 나에게 관심이 없을지도 모른다.

시작이 어려울 뿐, 막상 실천하고 나면 별 것 아닌 것들이 우리 주위에는 참 많다. 나는 커피값을 모아 '카페 통장'이라는 이름표를 달아 고스란히 저축해나갔다. 미래의 어느 날, 그 통장이 시작이 되어 나만의 카페를 만들 날을 행복하게 상상하면서 말이다. 물론 이는 '20대 1억 원 모으기'라는 꿈에 깃털이 되어 진짜 날개를 달아주기도 했다.

내가 20대에 1억 원이라는 열매를 맺게 된 것은 이런 푼돈으로 꿈의 씨앗을 심는 것에서부터 시작되었다. 그리고 시간이라는 물과 꾸준함이라는 양분을 통장과 가계부에 주었다. 다이어트에도 부자가 되는 길에도 꼼수나 예외는 존재하지 않는다는 걸 나는 가계부를 쓰고 또 일기를 쓰면서 알게 되었다.

가계부와 다이어트의 관계

여자들 중에 한번쯤 다이어트를 해보지 않은 사람은 없을 것이다. 나는 1년 365일 다이어트를 하고 있다. 그렇게 성공과 실패의 희비를 수도 없이 오가면서 깨달은 게 하나 있는데, 바로 성공적인 체중 감량과 재테크에는 공통점이 있다는 것이다.

첫째, 뚜렷한 목표는 성공을 위한 필수 조건이다. 올 여름 휴가 때까지 반드시 3킬로그램을 빼서 비키니를 입고 수영장 선베드에 당당히 누워 있겠노라는 목표를 세워야 본격적인 다이어트가 시작된다. 목돈 마련의 법칙도 마찬가지다. 가계부에 그날 쓴 금액과 내역만 정리하는 건 아무런 의미가 없다. 목표를 세워야 한다. 대학 졸업 전에 1,000만 원짜리 통장을 만들고야 말겠다는 목표는 내 몸과 마음이 어디로 달려가야 할지 방향을 알려주었고, 한눈팔지 않고 그곳을 향해 꾸준히 정진할 수 있게 해주었다.

둘째, 매일 쓰는 일기가 최고의 트레이너다. 자기 전에 그날 먹은 음식들을 적어본 사람은 안다. 식단 일기를 쓰는 것만으로도 1킬로그램쯤은 그냥 빠진다는 걸 말이다. 다이어트와 마찬가지로 돈을 모으는 데도 메모는 필수다. 가계부를 통해 재무 목표를 가시화하면 의지와 행동도 그 목표에 맞춰 움직여진다.

셋째, 꾸준해야 성공할 수 있다. 성형과 다이어트는 다르다. 수술로 세운 콧대는 평생 유지할 수 있지만 다이어트는 그렇지 않다. 매일 매순간 자기 통제와 욕구의 절제가 필요하고, 체중의 밸런스를 맞추기 위해 노력해야 한다. 재테크도 마찬가지다. 절약을 생활화해야 하고, 투자 실수로 오랫동안 모아온 목돈을 날리지 않기 위해 늘 공부해야 한다.

하루 만에 인생 역전, 단 1주일 만에 뱃살 빼기! 이렇게 짧은 시간 안에 돈이든, 원하는 체형이든 만들어주는 지름길이 있을까? 나는 마법처럼 빨리 열매를 맺게 하는 지름길은 없다고 생각한다. 체중 감량도, 돈을 모으는 것에 있어서도 가장 먼저 해야 할 일은 일단 '씨를 뿌리는 것'이다. 시작이 반이란 소리다.

나는 가계부를 쓰면서 푼돈이 목돈이 되는 간식비의 현실을 일찌감치 깨달았다. 그래서 간식을 줄이면서 다이어트도 실천해나갈 수 있었다. 몸은 가벼워지고 통장은 불어나는 일석이조의 행운을 만들기 위한 첫 걸음이 시작된 것이다.

거꾸로 가계부를 쓰면
달달한 연애가 시작된다

데이트 비용은 두 사람이
즐거운 시간을 보낸 대가일 뿐,
적으면 적을수록 좋다.
_《이런 남자 절대로 만나지 마라》중

"너라면 날 이해해줄 수 있을 거 같아서 속 시원히 말해본다. 사실 지금 여자친구와 1년 넘게 사귀면서 내가 데이트 비용을 거의 다 부담했거든. 맛집 찾아다니고 영화도 보고 참 재밌었어. 근데 내 지갑은 하나도 안 재밌다. 게다가 장거리 연애를 하잖아. 왕복 차비만 해도 4만 원이 넘어. 그리고 기념일은 또 어찌나 챙기는지. 나라고 안 챙겨주고 싶겠어? 그런데 향수나 액세서리 같은 선물비용에다 데이트하며 먹고 즐기는 비용까지 따로……. 아휴, 내가 남자고 나이가 많으니까 암묵적인 동의라고 해야 하나, 암튼 내가 사랑하는 사람에게 쓰는 돈이라 아깝다는 생각이 들진 않았는데 그 돈을 마련하는 과정이 정말 너무 힘들다. 솔직히 요즈음 같아선 잠시 안 만나고 싶은 생각도 든다. 돈 없으면 정말 연애도 못하는 거냐?"

대학 동기 녀석이 술 먹으며 한 고백 아닌 고백을 들었을 때 적잖이 당황스러웠지만 한편으로는 그 친구가 안쓰러웠다. 대학생 커플의 데이트는 대체로 비슷하다. 영화 보고, 밥 먹고, 그냥 헤어지기 아쉬워서 예쁘장한 카페에서 밥값과 맞먹는 돈을 내고 커피와 디저트까지 알차게 챙기고 나면 적어도 5~6만 원은 필요하다. 이렇게 1주일에 이틀 정도를 만난다면 아마 전국의 모든 '오빠'들은 내 친구와 같은 고민에 빠질 것이다.

왜 연애를 하는 데 돈이 문제가 되어야 하나

내 동기처럼 대한민국에서 '오빠'라는 타이틀을 가진 남자들은 어쩌면 데이트할 때마다 먼저 지갑을 열어야 한다는 부담 속에서 살고 있을지도 모른다. 속은 쓰리지만 쿨한 '척'이라도 하기 위해 애를 쓸 것이다. 하지만 이제는 그들도 달라졌다. 부잣집 오빠와 번듯한 직장에 다니는 오빠들도 자신을 무조건 자동판매기쯤으로 여기는 여자에겐 마음이 오래 머무르지 않는다.

동기 녀석이 말하듯 난 안타까운 별종이었다. 대학생 시절 연상연하 커플이었으니 애석하게도 이런 뻔한 데이트 비용의 공식이 통하지 않았다. 게다가 가계부 쓰는 여자였던 나는 유독 '엄마' 근성이 강했다. 남자 친구의 돈을 아껴주고 싶은 마음도 있었고, 마치 내 돈을 관리하는 것처럼 그의 경제생활을 살펴주고 싶었다. '오지랖도 삼만 리'라고 오히려 남자친구가 돈을 잘 모으고 있는지, 쓸데없는 낭비를 하고 있지는 않은지 지갑 사정까지 챙겼다.

그런데 이렇게 한번 생각해보자. 왜 연애를 하는 데도 항상 '돈'이 문제가 되는 걸까? 그 죽일 놈의 사랑이 모든 이성을 마비시키는 와중에도 말이다. 나는 누군가를 사랑하는 마음은 먼저 배려에서 시작한다고 생각한다.

영화 〈연애의 온도〉에서는 동갑내기 회사원 애인과 사귀다 헤어진 남자 주인공이 그 관계가 정리되지 않아서 마음 복잡해하던 와중에, 어리디 어린 여대생을 만나 사귀게 된다. 하루는 횟집에서 어린 연인을 만나 이런 얘기를 한다.

"이번엔 네가 계산해."

당황한 어린 여자친구는 되묻는다.

"이걸?"

"매번 내가 샀잖아. 이번엔 네가 계산해."

그러곤 남자 주인공은 생각한다. 옛 동갑내기 회사원 여자친구하고는 이런 쓸데없는 대화에 에너지를 소모할 필요가 없었다고. 결국 울며 겨자 먹기로 횟값을 치른 여자친구는 집까지 데

려다줄 필요 없다며 남자를 두고 가버리고, 그 둘은 자연스럽게 헤어진다. 이렇게 남자 주인공이 어느 날부터 갑자기 밥값을 내지 않기로 작정한 이유는 무엇일까? 그리고 횟값 한번 내라는 말에 여자 친구가 토라진 건 왜일까? 연인관계에서 데이트 비용은 단순한 돈 문제가 아니라 상대에 대한 애정의 척도쯤으로 여겨지기 때문이다.

그런데 그 애정이 오래 가려면 배려심이 필요하다. 내 남자 혹은 내 여자의 체면도 챙겨주면서 서로의 지갑도 걱정해주는 커플은 비단 돈에 관한 가치관뿐 아니라 서로에 대한 이해와 배려심도 남다르지 않을까? 결혼을 준비할 때도 경제적 가치관이 달라서 헤어지는 커플이 허다하다. 그만큼 사람 관계에서도 돈을 대하는 태도는 중요하다는 뜻이다.

남녀관계에서도 배려와 의리가 중요하듯 서로를 위해 돈을 쓸 때도 상대에 대한 배려가 필요하다. 제 아무리 소녀시대급 미모를 지녔더라도 오빠를 자동판매기쯤으로 여기는 여자를 변함없이 사랑하고, 결혼 상대자로 생각하는 남자가 얼마나 될까?

데이트는 돈 쓰기? No!, 시간 쓰기!

데이트 비용을 낼 때 상대의 지출관을 유심히 살펴보면, 그 사람과의 결혼생활이 어떨지 대략 상상할 수 있다. 나는 소개팅을 하거나 미팅을 할 때 상대방의 씀씀이를 유심히 살피며 나와 가치관이 맞는 사람인지 아닌지를 판단하곤 했다.

만약 남자친구가 비 오는 날 걷기 귀찮다면서 지하철역까지 10분도 채 안 되는 거리를 택시를 타고 가자고 한다면, 설령 택시비를 그가 낸다고 해도 왠지 달갑지 않았을 것이다. 술김에 기분 꽉꽉 내며 돈 쓰는 남자도 고려 대상이다. 여자는 또 어떤가? 평범한 직장인이 몇십만 원이 훌쩍 넘는 펌을 하고, 소위 '핫하다'는 카페는 모두 섭렵해야 직성이 풀린다면 남자로서 갈등이 생기지 않을 수 없다.

나는 연애를 할 때 '돈'이 제일 중요하다고 생각하지 않았다. 중요한 건 '시간'이었다. 사랑하는 사람과 함께 있는 시간 말이다. 물론 데이트를 하려면 돈도 필요하다. 하지만 먼저 돈 쓸 생각부터 하게 되는 데이트는 그저 돈 쓰는 시간들로만 채워진다. 하지만 함께하는 시간을 어떻게 보낼 것인지에 집중하면 무덤덤하게 관성적으로 반복되는 데이트에서 벗어나 그 시간들이 더없이 소중하고 알차게 바뀐다.

대학생 시절 아르바이트를 해서 월수입이 꾸준한 '누나'였던 나는 데이트 비용도 많이 부담했다. 물론 부담스러운 건 사실이었다. 그래서 자연스럽게 서로의 데이트 비용을 아낄 수 있는 방법을 고민하게 됐다. 그건 내게 절대 골치 아픈 고민이 아니었다. 돈을 절약하며 알콩달콩 알차게 시간을 보낼 수 있는 우리 둘만의 연애 법칙을 만드는 것이었기에 그 자체로 또 다른 즐거움이었다.

덕분에 연애를 하면서 무엇보다 우린 돈에 솔직해졌다. 사랑 앞에 자존심이 없듯 돈 앞에서도 자존심은 없으니까 말이다. 그렇게 솔직해지고 나니, 불필요한 허세와 자존심으로 돈을 낭비하는 데이트를 하며 속앓이를 하는 일도 없었다.

경기 침체, 청년 실업, 고물가 시대에 연애가 웬 말이냐며 모태솔로를 자처하는 이들도 많겠지만, 돈에 대한 결핍은 우리들을 우울하게만 만드는 게 아니다. 오히려 마음을 달리 가지면 똑똑하게 머리를 쓰는 계기가 될 수 있다.

지금 남편과 데이트할 때도 돈 쓰는 데이트는 하지 않았다. 우리는 서로의 시간을 재밌게 쓰는 데 집중했다. 함께 있는 시간을 즐겁게 보낼 아이디어를 생각하며 색다른 데이트를 하루하루 즐기다보니, 연애기에 흔히 찾아오는 권태기도 없었다. 돈도 아끼고 연애전선도 '이상 무'였으니, 오히려 일석이조였던 셈이다. 그 시간들은 나중에는 지갑까지 살찌우게 했으니 그야말로 최고의 데이트였다. 알뜰 데이트 신공은 따로 있는 게 아니다. 조금만 노력하면 누구나 할 수 있다.

차곡차곡 적립한 포인트로 맛있는 군것질하기, 근처 음식점의 요일별 할인 메뉴를 미리 체크해두었다가 먹고 싶은 메뉴가 있을 때는 그 요일에 맞춰서 같이 외식하기, 각종 쿠폰을 이용해 생일이나 기념일에 작은 이벤트해주기……. 그뿐만이 아니다. 야구장도 기준 시간(8회초/말) 이후에는 무료입장이 가능하므로, 그 시간대에 맞춰 입장하면 무료로 야구장 데이트를 즐길 수 있다. 그 외에도 영화는 조조로 보고 아낀 돈으로 커피 마시기, 책 읽는 걸 좋아한다면 서울 시내 도서관 찾아다니며 도서관 로맨스 즐기기, 간단한 도시락을 준비해서 공원 데이트 즐기기, 약속 장소는 커피숍이 아닌 서점으로 정하기 등등 아끼며 즐길 수 있는 데이트 습관은 수도 없이 많다.

직장인이 되어 연애를 할 때는 돈의 씀씀이와 스케일도 커졌지만 마인드는 학생 때의 그 마음가짐에서 달라지지 않았다. 사랑한다면 *그*의 지갑도 사랑해줄 줄 알아야 한다는 마음가짐은 시간이 흘러도 변함이 없다.

남들이 SNS에 올린 데이트 일기를 부러워하며 남자친구 옆구리 찌르지 말자. 어느 날 남자친구에게 "오늘 밥값은 네가 좀 내줄래."라는 말을 듣고 싶지 않다면 말이다.

거꾸로 가계부를 쓰면
공부도 하게 된다

✳

배움의 경제적 가치는
숨 쉬기의 경제적 가치와 같다.
_짐 콜린스

요즘 대학에서 4년간의 학업을 마치려면 최소 3,500만 원 이상의 등록금이 필요하다. 현실이 이렇다보니 대학생들은 꿈을 위한 날개를 다는 대신 아르바이트라는 짐을 몇 개씩 이고 있다. 게다가 낭만 따위는 잊은 지 오래다. 부모님께 등록금과 용돈도 모자라 취업 준비 자금까지 지원을 받는 대학생들은 스스로를 일명 '등골브레이커'라며 자조한다. 부모님께 의존하지 않는 학생들은 입학과 동시에 학자금 대출 인생을 살며 허덕이게 된다.

나 또한 등록금을 고민하는 평범한 대학생이었다. 하지만 조금 다른 점이 있다면 등록금 부담에 지레 겁먹거나 현실을 탓하는 부정적인 마음을 덜 가졌던 것이다. 그 이유는 나만의 라이프맵을 그려가며 가계부를 꾸준히 써왔기 때문이다. 메모의 여왕답게 나는 입학과 동시에 대학생활을 위한 '재무 다이어리'라는 이름의 가계부를 마련했다.

아메리칸 드림과 학비의 역계산

대학생 시절 나의 재테크는 가계부를 적는 것에서 출발했다. 가계부에는 입학해서 졸업할 때까지 내가 해내고자 하는 목표들을 적었다. 그 목표 중 하나는 '1,000만 원이 든 통장'을 만들어서 졸업 전에 가족들과 미국 여행을 가는 것이었다. 이른바 '아메리칸 드림'이었다. 그 꿈을 이루기 위해서 어떻게 해야 할지를 고민하는 것, 그게 내 재테크의 시작이자 전부였다.

우선 1,000만 원을 모으기 위해 역계산을 해봤다. 목표액을 역계산해서 '1년-한 달-하루'에 얼마를 모아야 할지 적는 것이다. 첫 아르바이트로 월급을 받았을 때부터 그런 습관을 길러나갔다.

4년간 저축 목표 : 10,000,000원

1년 목표 : 2,500,000원

한 달 목표 : 208,333원

하루 목표 : 8,333원(한 달 25일 기준)

사실 대학 신입생에게 1,000만 원이라는 숫자는 너무 크게만 느껴진다. 과연 내가 그 돈을 모을 수 있을까 하는 의구심이 들기도 한다. 하지만 이렇게 시간을 세분화하고, 역으로 거슬러 올라가 계산해보면 하루에 약 8,000원씩만 저축하면 된다는 걸 알 수 있다. 비교적 부담이 없는 액수이지 않은가. 자신감이 생기고 의욕도 불끈 솟는다. 이때부터 나의 이른바 '거꾸로 가계부'가 본격화되었다.

그렇다면 학비는 어떻게 충당해야 할까? 시간이 흐를수록 등록금도 오를 것을 감안해 1~2학년은 학년당 350만 원, 3~4학년은 학년당 400만 원으로 책정해서 전체 학비를 예상해보니 3,000만 원이 필요했다.

3,000만 원이면 내가 당차게 목표로 잡은 1,000만 원의 '아메리칸 드림'을 세 번이나 반복해야 하는 엄청난 숫자였다. 즉, 1년에 750만 원, 한 달에 62만 5,000원, 하루에 2만 5,000원(25일 기준)을 4년 동안 하루도 빼먹지 않고 매일매일 저축해야 대학에 다닐 수 있는 것이다.

이는 시급 5,000원짜리 아르바이트를 매일 6시간 정도 해야지만(6시간×5,000원=30,000원) 겨우 대학을 졸업할 수 있다는 말이기도 하다. 한숨이 절로 나왔을 법하지만 나는 한숨을 쉬거나 겁먹기 전에 생각의 프레임을 바꿔봤다. '아르바이트 말고 다른 대안은 없을까?' 그렇다. 대학생 최고의 재테크는 아르바이트가 아니라 바로 '장학금'이었다.

그렇게 나의 아메리칸 드림은 '장학금 타기'라는 구체적인 플랜과 함께 실행에 돌입했다. 그 꿈이 시간을 만나 윈윈할 수 있도록 쫀쫀하게 세부 플랜을 세웠다. 다행히 첫해에 장학금을 받아 입학금을 냈던 경험이 있기에 나는 용기를 얻을 수 있었다.

대학생 최고의 재테크는 바로 장학금

요즘 대학생들 중에는 재테크를 하든 장사를 하든 남들보다 일찍 세상에 눈을 뜬 이들이 많다. 그들에게 한 가지 더 도전해보라고 말해주고 싶은 것이 있다. 바로 장학금이다. 어문학과 학생이었던 나는 당시 어학연수와 학비라는 두 마리의 토끼를 잡는 꿈을 품었다. 그 꿈을 좇다보니 어느새 돈도 저절로 나를 따라오고 있었다.

대학교 3학년 때는 교환학생의 기회를 잡았고, 남들은 돈 들여서 가는 어학연수를 나는 돈 받고 갈 수 있었다. 어렵게 따낸 기회였기에 정말로 독하게 공부했다. 그리고 귀국할 때 꽤 좋은 성적으로 돌아왔고 다음 해 전액 장학금도 받을 수 있었다. 다른 친구들이 아르바이트해서 힘들게 번 한 달 월급의 10배를 벌면서 공부도 하니, 그야말로 일석이조의 결과를 얻은 셈이다. 그래서 나는 대학생이 할 수 있는 최고의 재테크는 '장학금 타기'라고 감히 말하고 싶다.

장학금은 그 종류도 다양하다. 성적장학금도 있지만 근로장학생에게 주는 근로장학금, 그 외에 외국어 성적이 뛰어난 학생에게 주는 외국어우수장학금 등 수많은 기회가 우리를 기다리고 있다. 학교 외부의 장학단체에서 주는 외부장학지원금, 한국장학재단에서 주는 국가장학금 제도도 활용해보자. 나는 거의 매일 학교 홈페이지나 카페의 공지사항을 체크했다. 기회는 분명히 가까운 곳에 있다. 다만 당신이 모르고 있을 뿐이다.

황금알을 낳는 '공부하는 거위' 되기

친구의 그 유명한 '똥 가방'을 보고 초라함을 느낀 적도 있었다. 실제로 가계부를 쓰면서 명품 가방 하나를 사려면 얼마가 필요한지를 계산해보기도 했다. 하지만 100만 원이 넘는 가방을 사려고 아르바이트하는 나보다는 장학금을 타기 위해 공부하는 내가 더 자연스럽고 대견했다. 그래서였을까? 내 옷과 가방은 명품이 아니었지만 생각과 경험만큼은 명품으로 단련시켜보고 싶은 욕심이 생겨났다.

대학 4년 내내 장학금 재테크에만 집중한 덕에 나는 도서관에서 수많은 양서들을 읽으며 명품 지식을 쌓아나갔다. 용돈과 데이트 비용을 마련하기 위해 시작한 아르바이트 덕분에 땀 흘리며 사는 삶의 가치, 열심히 살아가는 이들의 보이지 않는 명품 현실을 깨달을 수 있었다. 그 외에 각종 공모전에 도전하며 쌓은 경험 덕분에 나는 명품 가방이 더 이상 부럽지 않았다.

교내 영문 소설 및 에세이 공모전과 일본어 말하기 대회에 나가서 입상하기도 했고, 동서식품의 소설 공모전이나 LG전자의 글로벌 마케터 선발대회 등에도 참여했다. 물론 실패도 많이 했지만 그것을 준비하는 과정 자체가 나의 새로운 가능성을 발견해나가는 연습이었다.

내가 생각하는 부자들의 공통점은 스스로가 황금알을 낳는 거위라는 점이다. 그들은 공부를 멈추지 않는다. 얼마 전 신문에서 한 중견기업의 여성 사업가 이야기를 읽은 적이 있다. 그녀에게는 월세 단칸방을 전전하던 시절부터 지금까지 변하지 않은 습관이 하나 있다고 했다. 그것은 매일 책을 읽고 배울 점을 메모하면서 자신의 꿈을 향해 한 발 한 발 나아가는 것이었다.

꿈이 있으면 공부를 할 수밖에 없다. 나는 지금도 외국어부터 재테크, 요리, 부동산 그리고 창업에 관한 공부까지 쉬지 않고 꾸준히 하고 있다. 대단히 거창한 방법으로 하는 것도 아니다. 회사에서 일을 하면서도 얼마든지 공부할 수 있다. 외국 고객들과 사내의 존경스런 선배님들까지 만나는 모든 이들에게는 배울 게 있다. 출퇴근길 자투리 시간에 책을 읽고 각종 강연이나 동영상 자료를 찾아보는 것도 내게는 모두 공부다.

나는 스무 살부터 지금까지 하루 3시간씩, 1주일 20시간 정도를 꾸준히 공부하기로 마음먹고, 실천해나가고 있다. 직장생활을 하는 새댁이 어떻게 하루에 3시간씩 공부할 짬이 날까 궁금할 것이다. 하지만 나는 책상 앞에 앉아 시험 준비하듯 책을 보는 것만이 '공부'라고 생각하지 않는다. 아침에 일찍 일어나 30분 동안 신문 보기, 출퇴근길 30분간 책이나 자료 읽기, 퇴근 후 1시간 동안 가계부와 일기 쓰기, 주말 하루 3시간은 온전히 나만의 공부 시간 갖기 등 공부의 방법은 무궁무진하게 다양하다.

내 꿈을 향한 모든 노력이 내게는 공부다. 그렇게 나 자신에게 투자하다보면 나도 언젠가는 스스로 황금알을 낳는 거위가 되지 않을까.

거꾸로 가계부를 쓰면
외국어도 익히게 된다

미래의 나를 위해서라면
지금의 나를 희생할 줄 알아야 한다.
_샤를 드 보아

"교수님, 영문과 학생이 일본으로 공부하러 가지 말란 법이 있나요? 편견을 갖고 저를 엉뚱한 학생이라고만 생각하지 마시고 배움을 간절히 원하는 학생으로 봐주시면 좋겠습니다."

당시 영문과 학생이었던 나는 우리 학교와 자매결연을 맺고 있는 외국의 대학 중 일본 대학의 교환학생 프로그램에 지원했다. 모두가 의아해했다. 영국과 미국을 비롯한 유럽의 대학들을 제쳐두고, 영문학을 전공하면서 왜 굳이 일본 대학으로 가려고 하는지 이해할 수 없다는 반응이었다.

'아메리칸 드림'을 품고 1,000만 원 통장 만들기에 매진하던 나는 교환학생 제도를 알게 된 순간부터 반드시 가야겠다는 의

지가 대단했다. 서류 전형부터 면접까지 기를 쓰고 준비했다. 하지만 나와 같은 케이스에서 일본 대학으로 간 전례가 없었기 때문에 떨어질 각오도 하고 있었다. 하지만 간절히 원하면 이루어진다고 했던가. 나의 간절함은 통했다.

도랑 치고 가재 잡고, 일본에서 영어 공부하기

내게도 졸업 전 어학연수는 필수코스 중 하나였다. 어떻게 해서든 어학연수를 다녀와야겠다는 목표를 세운 후에는 마치 집안 구석 구석 떨어진 동전을 샅샅이 모으는 심정으로 관련 정보들을 찾아서 모아나갔다. 다른 사람들의 어학연수 후기를 찾아 읽고, 머릿속으로 끊임없이 시뮬레이션하면서 최소의 투자로 최대의 효과를 낼 수 있는 나만의 방법을 찾아 나섰다.

내가 찾은 해답은 바로 교환학생 제도였다. 등잔 밑이 어둡다는 말처럼 가까운 곳에 절호의 기회가 있었던 것이다. 사실 평소에 가계부를 쓰면서 계획 세우는 걸 습관화한 나는 어학연수도 꼼꼼하게 준비했다. 어느 나라에서 어떻게 공부할지 그리고 궁극적인 목표는 무엇인지에 대해 라이프맵을 그리고 있었다. 그리고 항상 스스로에게 질문해보곤 했다. '내가 진짜 원하는 게 뭔지'를 말이다. 스스로에게 질문을 하다보면 신기하게도 그 과정 속에서 답이 나온다. 내 질문의 대답은 이랬다. '일본에 가서 영어 공부를 하자. 경비를 줄이는 김에 오히려 통장을 채워서 오자!' 나의 재무 다이어리에 쓰여 있는 '1,000만 원 통장'이라는 단어를 보고 생각해낸 나의 답이었다. 그 답을 얻고 난 후 나의 교환학생 도전은 시작되었다.

그런데 나는 왜 굳이 일본의 대학으로 가려고 했을까? 전공은 영문학이었지만 복수전공이 일본어였기 때문이다. 영미권으로 갈 것인지, 일본으로 갈 것인지부터 정해야 했다. 하지만 의외로 고민은 오래 가지 않았다. 나는 일기를 쓰며 최대한 심플하게 정리했다. '너 어디로 가면 공부를 열심히 할 거 같아?' '남들에게 보여주는 공부가 아니라 정말 잘할 수 있고 또 자신 있는 분야는 뭐지?' '꼭 가보고 싶은 곳은 어디?' 하고 스스로에게 물었다. 그리고 나의 답은 바로 '일본'이었다.

일본은 우리나라와 마찬가지로 영어에 대한 교육열이 꽤 높은 곳이었고, 무엇보다 당시 내 외국어 실력은 영어보다 일본어 쪽이 더 나았기 때문에 일단 언어가 더 잘 통하는 곳으로 결정했다. 그리고 일본에서 새로운 언어 수업을 들으며 두 가지 언어를 모두 배워보자는 결심을 하게 된 것이다.

'그래, 일본에 가서 영어 공부를 하자. 일본 학생들과 영어 수업을 들으면 일본어도 영어도 다 할 수 있을 거야. 도랑 치고 가재 잡는 게 바로 이런 거 아니겠어?' 그렇게 시작된 나의 교

환학생 도전기는 많은 이들의 편견과 우려와는 달리 해피엔딩
으로 끝났다.

가계부를 쓰기 위한 외화 공부

교환학생으로 일본에 가서 생활하기로 결심한 순간 내게는
외화라는 또 다른 세계가 펼쳐졌다. 가계부를 써야 했기에 일본
에서의 생활에 적응하는 데 있어 가장 먼저 해야 할 건 화폐 공
부였다.

10엔부터 500엔짜리 동전과 1,000엔부터 5,000엔, 1만 엔 5
만 엔짜리 지폐까지 일본의 화폐와 한화의 가치를 익힌 후, 유학
생을 위한 학생 비자 등록증을 만들었다. 엔화와 한화의 가치 환
산부터 돈의 단위, 통장 개설 방법까지 꼼꼼히 공부했다. 그리고
일본이라는 나라의 물가 등 현지에서 생활하는 것과 관련한 경
제 정보를 하나부터 열까지 공부했고, 궁금한 건 주변 사람들에
게 물어가면서 정보를 모았다.

일본에서 제과점 아르바이트를 했다는 유학생의 경험담을
들은 후로는 마음만 먹으면 돈도 벌어올 수 있겠다는 희망을 품
고 또 다른 목표를 세웠다. 나의 1,000만 원 통장 만들기를 일본
에서도 지속할 수 있겠다는 자신감도 생겼다. 게다가 일본의 아

르바이트 시급은 한국의 두 배 수준이었기에 절호의 기회이기도 했다.

한국어 레슨으로 푼돈 벌어 큰돈 만들기

일본의 아르바이트 세계는 어떨지 궁금했다. 물론 돈을 버는 게 목적이 아니었고 그저 일본에서 일한다는 건 어떤 건지 알고 싶은 궁금증에서 시작된 일이었다. 주위 사람들에게 곧잘 "제가 도움을 드릴 일은 없을까요? 제가 할 만한 일은 없을까요?"라고 말하면서 기회를 찾았다.

뜻이 있으면 길이 있고 두드리면 정말 열리는 게 세상 이치였다. 당시 홈스테이를 하며 친하게 지냈던 일본인 아주머니께 이런저런 이야기를 하다가 자연스레 나의 '1,000만 원 통장의 꿈'에 관해 이야기한 적이 있었다. 그런데 한국어에 관심을 가진 아주머니들이 마침 교사를 찾고 있던 중이었다면서 그룹을 짤 테니 한국어를 가르쳐달라고 하시는 게 아닌가. 나는 선뜻 아주머니의 제안에 응했다. 내 한국어 실력을 발휘하는 것은 물론, 일본어를 배울 수 있는 절호의 기회였기 때문이다. 게다가 일본 생활에 적응해가며 좋은 인연을 만날 수 있는 기회니 마다할 이유가 없었다.

그 아주머니들은 소정의 과외비를 모아 내 통장에 넣어주시곤 했다. 그분들을 만나는 날은 일본 가정식 음식을 먹고 일본어와 일본 문화를 배우는 행복에 겨운 날이었다. 게다가 타국에서의 외로움도 잊고 통장에는 엔화가 차곡차곡 쌓여갔다.

외국어 실력을 발휘하고 돈도 벌 수 있는 절호의 찬스는 학교에도 있었다. 영어와 한국어 논문 교정을 할 일본인 학생 모집 공고를 우연히 보았는데, 일단 도전하고 보자는 마음으로 바로 지원했다. 면접 때 내 간절함과 '1,000만 원 통장'이라는 목표를 강하게 어필한 덕분이었을까. 나는 그 일을 맡을 수 있었다. 그렇게 외국어를 공부하면서 돈도 모을 수 있는 행운이 계속 따랐다. 당시에는 공부와 일을 병행해나가야 했기에 하루에 서너 시간 이상 자본 적이 없었다. 돌이켜보면 그때만큼 독하게 공부했던 때도 없었던 듯싶다.

이렇게 모아간 나의 엔화 통장을 교환학생이 끝날 때쯤 펼쳐보고는 내 눈을 의심했다. 한국어 과외로 한 달에 평균 4만 엔, 거기에다 교정 아르바이트로 받은 푼돈까지 차곡차곡 모아 43만 엔이라는 숫자가 통장에 찍혀 있었던 것이다. 이 모든 고마운 기회들은 내 꿈을 아끼고 사랑하며 꾸준히 키워간 덕분에 얻게 된 결과일지도 모른다.

남들이 다 하는 것을 하지 않거나, 남들이 하지 않는 것을 하기란 쉽지 않다. 학창 시절의 외국어 공부도 마찬가지다. 유학이

나 어학연수 등 해외로 가야 공부가 되고 스펙을 쌓을 수 있다
는 분위기 속에서 혼자만 자기 방식대로 공부하기란 쉽지 않다.
하지만 유학을 못 가서 외국어 실력이 늘지 않았다는 핑계를 대
며 주저앉지는 말자. 그리고 요즘은 국내에서, 일상 곳곳에서 돈
을 들이지 않고도 외국어를 배울 수 있는 기회가 너무도 많지
않은가.

　인터넷만 잠깐 검색해봐도 영어를 공부할 수 있는 다양한 기
회와 통로를 찾을 수 있다. TED Technology, Entertainment, Design 같
은 강연 동영상을 통해, 영어 공부를 하면서 새로운 지식을 얻을
수도 있다. 또는 한국으로 유학 온 학생 중 한국어를 배우고 싶
어하는 학생과 '랭귀지 익스체인지'를 하는 방법도 있다. 그 외
에도 조금만 관심을 갖고 찾아보면 돈과 시간을 아껴가며 외국
어를 배울 수 있는 방법은 의외로 많다.

거꾸로 가계부를 쓰면
대학 때 1천만 원을 모을 수 있다

✳

진짜 부자들은 자기 스타일대로 살고,
얼치기 부자들은 소비에 출혈 경쟁한다.
_《한국의 부자들》중

"이제부터 네 이름은 '아메리칸 드림'이야."

나의 스무 살 청춘, 그 쿨한 첫 걸음은 가계부에 이름을 쓰는 것에서 시작되었다. 가계부를 쓰기 시작하면서 대학 졸업 전에 가족들과 함께 해외여행을 가는 상상을 하곤 했다. 그 상상은 '아메리칸 드림'이라는 이름표를 단 1,000만 원 통장의 꿈과 함께 시작되었다.

당시 대학 신입생에게 1,000만 원이라는 숫자는 꿈꾸기에도 벅찬 거금이었다. 하지만 역계산을 해서 하루에 모아야 할 돈이 명확해지니 어쩌면 해낼 수도 있겠다는 자신감이 생겼다.

목표를 글자로 써서 명문화하면 생각이 확고해지고 삶을 대하는 자세도 달라진다. 일단 고정적이든 변동적이든 수입이 있어야겠다는 생각을 했고, 입학과 동시에 나의 대학생 재테크가 시작되었다. 내 명의의 통장을 개설해 '아메리칸 드림'이라는 이름을 붙였다. 이름을 붙이는 순간, 그 통장은 새로 사귄 친구 같았다.

무식해서 용감했던 나의 대학생 재테크 노하우

당시 나는 재테크라면 적금 통장밖에 모르던 재테크 새내기였다. 그럼에도 소위 '재무설계'라는 걸 스스로 해나갈 수 있었던 이유는 목표가 뚜렷한 가계부 쓰기 덕분이었다. 주식이나 펀드 등 다양한 금융상품에 대해 잘 알지 못했지만, 그랬기 때문에 오히려 잔머리 굴리지 않고 우직하게 목표를 향해 나아갈 수 있었는지도 모른다.

금융상품이나 재테크 정보는 그저 '정보'에 불과하다. 중요한 건 내가 가진 정보가 내 목표와 방향성에 맞고, 나의 재테크 습관과 잘 맞아서 바로 실행 가능해야 한다는 점이다. 그러기에 나에게는 가계부야말로 그 어떤 재테크 정보보다 알찬 수단이자 최고의 방법이 되었다. 당시 나의 재테크 노하우는 다음과 같다.

대학생 시절 내 수입원은 장학금과 아르바이트였다. 아르바이트의 경우 보통 현금으로 일급이나 월급을 받았는데, 받는 즉시 은행으로 달려갔다. 피아노 반주 아르바이트를 하고 받은 일급, 설문조사를 하고 받은 시급 등 변동적인 수입은 지갑에 넣어두면 쓰고 없어지게 마련이다. 특히 그 액수가 소소하면 더하다. 그래서 최대한 빠른 시일 안에 은행에 입금했다.

이렇게 수중에 들어온 현금은 무조건 통장으로 직행시키는 습관을 들이자. 그래야 불필요한 지출을 줄이고 낭비하지 않을 수 있다.

통장을 살찌우려면 지출 통제가 가장 중요하다. 나는 목표액을 달성하기 위해 가계부에 '일정 주기별 예산'을 세워나가며 관리했는데, 그 예산 안에서 필요한 금액을 쪼개서 지갑에 넣고 다녔다.

'오늘은 1만 원으로 생활해야 하는 날이네. 학교 식당에서 4,000원짜리 두 끼에 1,000원짜리 아이스크림 2개 정도 사 먹을 수 있겠네.' 지갑에 필요한 금액만 가지고 다니면 쓸 수 있는 돈이 이것밖에 없다는 생각에 자연스럽게 절약이 몸에 밴다. 대학생활 내내 지출의 대부분은 식비였는데 이렇게 예산을 잡아 일정 금액만 들고 다니다보니, 군것질은 절대 할 수 없었다. 돈도 아끼고 다이어트까지 되니 그야말로 일석이조인 셈이다.

셋, 포인트 카드와 쿠폰 제때 활용하기

내 지갑은 카드로 두둑하다. 물론 신용카드는 하나도 없다. 대학생 때도 마찬가지였는데 지출용 카드라곤 오로지 교통카드가 전부였다. 가계부에 미리 한 주, 한 달의 예산을 잡아두기 때문에 무분별한 소비욕구는 사전에 차단된다. 대신 내 지갑에는 각종 포인트 적립 카드들이 가득했다.

카페나 제과점에서 적립한 포인트로 결제할 때 현금처럼 사용할 수 있고, 생일 쿠폰이나 무료 쿠폰 같은 쏠쏠한 혜택도 받을 수 있다. 지금은 각종 포인트 적립카드들을 일괄로 모아놓은 앱을 쉽게 찾아볼 수 있다. 포인트 적립을 놓치지 말고 사소한 지출도 무의미하게 새어나가게 두지 말자. 또 제때 쓰기 위해서는 정기적으로 포인트 내역을 확인할 필요도 있다.

넷, 지폐를 쓰기 전에 동전을 먼저 쓰자

나는 동전 지갑을 가지고 다니는 여대생이었다. 돈을 쓸 때도 가능하면 지폐를 쓰지 않고 거스름돈으로 받은 동전을 모아서 사용했다. 동전으로 소소한 지출을 하다보면 그날 쓸 수 있는 지폐를 깨서 잔돈으로 만들지 않아도 되기에, 왠지 절약했다는 생각에 뿌듯한 마음도 든다. 적은 액수라면 가급적 지폐 대신 동전을 사용해보자. 의외로 지출을 줄일 수 있다.

대학 입학 후부터 '일주일 미리 살아보기'에 돌입했다. 일주일 예산을 엑셀 가계부에 적으면서 평일과 주말에 각각 어떤 스케줄을 짤지 계획해보고, 얼마나 지출할지를 세세히 그려보며 숫자로 정해본 것이다. 일주일 단위로 예산을 편성해 지출내역을 정리해보면 초과했거나 절약한 금액이 나온다. 이런 작은 습관은 결혼한 지금 제법 큰돈을 관리하는 데도 큰 도움이 된다.

1주일 예산을 잡을 때도 '5만 원'이라고 뭉뚱그려 잡지 말고 '식비는 3만 원, 교통비는 2만 원' 하는 식으로 세부적으로 쪼개보자. 큰돈을 세부적으로 쪼개다보면 지출 패턴을 상세히 알 수 있다. 그래서 예외적인 지출이 발생했을 때 어떤 항목을 조절해서 총 지출비용을 맞출지 고민하고 실천할 수 있게 된다.

남들과는 다르게 즐기고 배우자

아무리 절약 절약 했어도 즐기고 배우는 것에는 아끼지 않았다. 단, 문화생활과 자기계발에 있어서도 나만의 방식이 있었다. 가계부를 쓰면서 나의 숨은 재능까지 발휘했는데 그 재능으로 문화생활도 알차게 해나갔다.

영화는 공짜로, 그것도 스타들과 함께 봤다. 각종 영화 시사회나 무대 인사 이벤트 등을 찾아 응모해서 영화 티켓을 받았다. 글쓰기가 취미였던 내게 이런 응모 이벤트는 그 자체가 즐거움이었고 문화비도 절약할 수 있는 절호의 찬스였다. 소소한 푼돈 같지만 한 달 단위로 따지면 만만치 않은 금액이 된다.

책을 살 때 역시 출판사들의 이벤트를 적극 활용했다. 책을 워낙 좋아해서 읽고 싶은 책을 전부 돈 주고 사서 봤다면, 아마 난 이 책을 쓰지 못했을지도 모른다. 정말 소장하고 싶은 책은 구입하는 편이지만 트렌디한 책들은 출판사들의 서평 이벤트를 노려서 선물을 받곤 했다. 또 하나, 평소 청취하는 라디오 프로그램의 이벤트도 놓치지 않고 참여했다. 나의 희로애락을 담은 사연을 적어 보내거나, 공유하면 좋은 각종 아이디어와 노하우 등을 소개해 자주 뽑혔다. 덕분에 각종 문화 행사 티켓을 얻을 수 있었다. 성시경이 진행하는 라디오 프로그램에서 '인천 사는 김모 양의 사연입니다.'로 시작하는 나의 스토리를 종종 듣곤 했다. 물론 도서 상품권과 밥통 선물도 함께 받으면서 말이다.

그런데 문화생활이야 남들만큼 즐기지 못한다 해도 상관없지만 자기계발은 좀 다른 문제다. 남들만큼은 기본이고 남들보다 더 해야 경쟁력을 갖출 수 있기 때문이다. 하지만 당시 내게 '자기계발'은 지출 욕구를 부추기는 핑계로만 들렸었다. 물론 한때는 남들이 다 하는 대로 외국어 실력을 키우려고 몇 개월 치의 학원비를 내고, 건강을 관리하려고 헬스장 6개월 수강권을 끊으려고도 했었다. 하지만 그러지 않았다. 난 내게 필요한 걸 스스로 판단해 결정하고 싶었고, '자기계발'에 대해서도 다른 생각을 갖고 있었기 때문이다. 남들이 보기엔 자기계발에는 관심이 없는 사람처럼 보일 수도 있겠지만, 사실 나는 꾸준히 자기계발을 하고 있는 여자다. 그것도 대학생 시절부터, 나만의 방법으로 말이다.

나는 내가 잘할 수 있는 걸 꾸준히 갈고 닦는 걸 자기계발이라고 생각한다. 영문학을 전공하고 일본어를 복수전공했기에 외국어로 된 원서를 많이 접했다. 원서만 잘 봐도 일단 독해나 작문 실력은 기를 수 있다고 생각했다. 물론 토익이나 텝스 혹은 각종 일본어능력시험에서 점수를 따기 위해서는 그에 맞춘 공부가 필요하다. 하지만 학원에 다닌다고 해서 점수를 잘 받는다는 보장은 없다. 학원도 학습 도우미의 역할을 할 뿐 세상의 모든 '공부'는 자기 하기 나름이기 때문이다. 혼자서 공부할 수 있음에도 불구하고 '친구들이 모두 학원에 다니니까' '남들이 다 그렇게 하니까' '잘 가르친다고 소문이 났으니까'라는 이유로 학원에 등록하는 건 아닌지 자신에게 물어보자.

건강관리도 마찬가지다. 나는 가계부를 쓰고 다이어트를 병행하면서 건강관리도 꾸준히 해왔다. 그다지 멀지 않은 거리는 늘 걸어서 다녔고, 매일같이 해온 스트레칭 덕분에 피트니스 센터를 다니지 않아도 근력이 좋아졌다.

왕초보 여대생이 재테크 신공이 된 비결은?

아르바이트를 갓 시작한, 재테크 문외한이었던 햇병아리 여대생의 성공기는 어쩌면 단순무식에서 나온 실천력이 비결인 셈이다. 은행의 수시 입출식 통장을 이용한 게 전부였으니까. 목표를 정하고 세부적인 실천 계획을 세워 지출을 통제하는 것 외에는 별다른 재테크 테크닉이랄 게 없었다.

하지만 그 단순무식한 용감함 덕분에 나는 졸업 전에 1,000만 원이 든 '아메리칸 드림' 통장을 가질 수 있었다. 스스로 정한 소비의 의미와 소비할 때의 규칙들을 지키면서 말이다. 그 모든 것들의 바탕에는 목표를 정하고, 그것을 실현하는 과정 자체를 즐겼던 내가 있다.

돈이란 것도 마찬가지다. 부족해도 할 수 있는 범위에서 꾸준히 수입을 만들면서 지출을 통제해나가고, 그것을 매순간 즐기다 보면 어느새 내가 상상해온 삶이 눈앞에 펼쳐지게 된다. 그러고 보니 대학생 시절 나는 1,000만 원이 아닌, 1억 원 이상의 가치를 지닌 습관을 길렀던 것 같다. 그렇게 만들어간 습관 덕분에 졸업하고 서른이 되기 전에 꿈만 같았던 1억 원이라는 돈을 모으는 데 성공할 수 있었으니 말이다.

거꾸로 가계부는 짠돌이 짠순이 인생의 시작이 아니다
내 꿈을 실현시킬 가장 확실한 라이프맵이다

20대, 48개월 만에 1억 원 모아주는 거꾸로 가계부
"예적금만으로도 1억 원을 모을 수 있다고?"

거꾸로 가계부를 쓰면
인생의 플래너가 된다

무엇이 되고자 하는가를
먼저 자신에게 말하라.
그리고 해야 할 일을 행하라.
_에픽테토스

"축하합니다. 김혜원 씨. 합격하셨습니다."

생일날 아르바이트를 하다가 입사 합격 통보를 받았다. 그렇게 기쁜 생일 선물을 받아본 적이 있었던가. 그날 나는 일기장에 내 인생의 진정한 새출발을 기념하기 위한 라이프맵을 그렸다.

평소에 일기와 가계부를 쓰면서 사소하지만 분명한 목표를 정해 'To do list'를 작성해왔기 때문에 내 인생 전반의 그림을 그리며 플랜을 짜는 것은 어렵지 않았다. 직장생활의 시작을 출발선으로, 그 이후 예상되는 내 인생의 이벤트를 마치 플래너가 된 기분으로 기획해보았다. 구체적으로 계획하면 적어도 절반은 성공한다. 뚜렷한 계획은 나를 움직이는 원동력이 되어주기 때문이다.

사회 초년생, 나만의 라이프맵 그리기

Step 1. 25세~30세 : 대리 승진, 독립, 배우자 만나기

Step 2. 31세~35세 : 과장 승진, 결혼, 출산, 우리집 장만, 가족
　　　　　　　　　　전국일주, 첫 번째 책 내기

Step 3. 36세~40세 : 차장 승진, 아내 은퇴 및 창업 준비(가게),
　　　　　　　　　　외벌이 시작, 부부 해외여행, 두 번째 책 내기

Step 4. 41세~50세 : 자녀 대학 입학, 가게 활성화(2호점), 가족
　　　　　　　　　　해외여행, 세 번째 책 내기

Step 5. 51세~60세 : 가게 활성화(3호점), 부부 해외여행, 네 번
　　　　　　　　　　째 책 내기

Step 6. 61세~ : 남편 은퇴 준비, 가게 활성화, 귀농 준비

나잇대별로 내 삶에 펼쳐질 이벤트를 적다보면 그 이벤트별
로 필요한 돈의 규모가 어렴풋하게 보인다. 나는 이 이벤트를 가
계부에 라이프맵으로 그려놓고 수시로 들여다본다. 목적 없이
벌어들이는 월급은 잘 모이지 않지만 구체적인 목표와 계획이
있을 때는 다르다. 사회 초년생 시절부터 라이프맵을 그리면 뚜
렷한 꿈과 목표가 생겨 일도 재테크도 중도에 포기하지 않게 된
다. 나는 이 라이프맵 덕분에 돈 앞에서 한숨을 쉬기보다는 자신
감에 벅차올랐다.

혹시 내가 왜 이 고생을 하며 돈이라는 걸 벌고 있는지, 이렇게 스트레스를 받으며 돈을 버는 게 무슨 의미인지 모르겠는가. 그래서 친구와 쇼핑하고 술 마시며 스트레스를 풀고 있다면 지금까지 내 인생의 크고 작은 이벤트가 무엇이었는지, 그 과정을 어떻게 지나왔는지 곰곰이 생각해보자. 그리고 지금부터라도 자기 인생의 플래너가 되어보자.

돈에 꿈이라는 엔진을 달면 가속도가 붙는다

쥐꼬리만 한 월급을 받더라도 꿈을 만나면 상황은 달라진다. 나는 계약직 아르바이트로 번 돈 90만 원에도, 입사 후 받은 첫 월급 200만 원에도 '꿈'이라는 엔진을 달아주었다. 그 돈은 통장에 숫자 1억 찍어보기, 음악이 흐르는 거실과 서재가 딸린 나만의 집 마련하기, 북 카페 창업하기 등 나의 꿈을 위한 소중한 자산이었기에 절대 허투루 쓸 수 없었다.

요즘도 문득 회사에서 길을 잃은 듯한 좌절감이 들 때면 종종 꿈이 적힌 가계부를 열어본다. 그것은 내게 왜 일을 하고 있는지, 어디로 가야 하는지 길을 알려준다. 지출내역을 정리하는 식의 가계부 쓰기로는 이런 동기부여가 어렵다. 가계부 첫 페이지에 내 꿈의 내역부터 정리해야 한다.

사회 초년병 시절 적어두었던 내 인생의 플랜들 덕분에 가계부를 새롭게 정비하게 되었다. 한 달 월급을 어떻게 관리해서 그 목표들을 이뤄낼지 고민하고 또 고민하는 과정을 거쳤고, 하나둘 통장을 만들기 시작했다. 그 통장은 모두 내 '꿈'과 하나씩 연관이 있었다. 나중에 재무관리 전문가를 만나고 나서야 내가 해왔던 것들이 바로 '재무설계'라는 것을 알게 되었다.

인생의 지도와도 같은 라이프맵을 그려놓으니 나에게는 돈뿐만 아니라 시간도 아껴 쓰는 습관이 생겼다. 돈과 시간을 아껴 쓰는 습관이 바로 나를 아끼고 사랑하는 방법임을 알게 된 것이다. 재테크는 주식이나 펀드, 수익률 높은 상품들을 아는 게 다가 아니다. 그것들의 밑바탕에는 반드시 나만의 인생 플랜이 있어야 한다. 그래야 삶의 방향성이 정해지고 돈을 벌고 모으는 일상이 고달프지 않을 수 있다.

월급은 나보다 더 많은 동갑내기 그녀, 왜 나보다 저축액이 적을까

재테크 공모전에서 수상하고 나자 강연 요청이나 재무 상담을 해오는 이들이 종종 생겼다. 처음에는 재테크 전문가도 아니고 대단한 자산가도 아닌 내가 무슨 조언을 해줄 수 있을까 싶어서 망설였다. 그런데 사람들의 고민을 듣다보니 비록 사소하고 부족하지만 내 경험을 들려주는 것이 도움이 되겠다는 생각이 들었다.

그녀는 대기업에 근무하고 있었고 세금을 제한 월급이 330만원 수준이었다. 나이는 서른 살, 결혼을 약속한 남자친구도 있었기에 모아놓은 돈이 꽤 있을 것 같았다. 그런데 그녀의 통장잔고는 3,000만 원이 채 되지 않았다.

"당장 결혼자금을 더 모아야 할 것 같은데 어떻게 해야 할지 모르겠어요. 월급 들어오면 꼬박꼬박 적금으로 빠져나가는 돈이 작년부터는 100만 원 정도 돼요. 별로 쓰는 것도 없는데 왜 이렇게 돈이 안 모일까요?"

그러게 말이다. 나랑 연차도 비슷하고 월급은 더 많은데 왜일까? 나는 일단 그녀에게 월급 대비 지출과 저축의 비율 그리고 지출내역을 항목별로 알려달라고 했다.

월급 : 3,300,000원

지출 내역 : 1,000,000원(적금) + 600,000원(각종 암보험, 건강보험, 연금 저축보험) + 500,000원(생활비, 공과금) + 500,000원(월세) + 200,000원(부모님 용돈) + 450,000원(미용, 자기계발, 교통비, 외식비 등 용돈) + 50,000원(기타 비상금 저축)

부모님께 결혼자금을 요청할 상황이 아니라서 막막하다는 그녀에게 나는 몇 가지 제안을 했다.

"지금 가장 중요하고 가장 많은 목돈이 필요한 이벤트는 결혼이잖아요. 일단 결혼 전까지 필요한 목표 자금을 분명히 정해보세요. 그리고 어떤 결혼식을 하고 싶은지 생각해보셨어요?"

"어떤 결혼식이냐고요? 어디서 결혼식을 하고 어디로 신혼여행을 갈지 뭐 그런 거 말하는 거예요?"

"아니요. 어떤 의미의 결혼식을 할 건지 물은 거예요. 사람들에게 보여주기 위한 화려한 결혼을 할 거면 자금이 더 많이 필요하잖아요."

그녀는 자신의 결혼식에 대해 구체적으로 고민해본 적이 없었다. 그저 남들이 결혼자금으로 얼마가 필요하다고 하니 거기에 비해 자신이 모아놓은 돈이 턱없이 적게만 느껴졌던 것이다. 그래서 나는 지금부터라도 언제, 어디서, 어떤 결혼식을, 어느 정도의 금액으로 할지 그림을 그려보라고 말해줬다. 그리고 부모님 집이 서울에 있으니 회사와 거리가 좀 멀더라도 결혼 전까지는 부모님과 함께 살면서 월세와 공과금을 줄이고 대신 부모님 용돈을 올려드리는 게 좋지 않겠느냐고 조언해주었다.

"월급에서 적금 외에 나머지는 모두 지출액으로 잡아놓으셨네요. 일단 월급에서 '목표 저축액'을 정하고 나서 그것에 맞게 지출액을 다시 세팅하시는 게 좋겠어요. 목돈의 규모를 정해놓으면 내가 얼마를 저축해야 할지 구체적인 플랜이 나오거든요.

그리고 가계부를 써보도록 하세요. 한 달만 써보면 줄일 수 있는 지출액 규모가 나올 거예요."

그날 내가 그녀에게 조언해준 건 단기간에 목표한 결혼자금을 모으기 위한 지출과 저축의 세팅법이었다. 하지만 정작 해주고 싶었던 말은 당장의 결혼 계획뿐 아니라 이후의 인생 플랜을 이번 기회에 세워보라는 것이었다. 결혼 후 펼쳐질 또 다른 인생에 대해 자신이 플래너가 되어 즐거운 마음으로 밑그림을 그려보면 결혼자금을 모으기 위한 절약과 저축도 힘들게만 느껴지지 않기 때문이다.

재무설계, 나만큼 나를 아는 사람도 없다

가계부를 쓰고 라이프맵을 그리면서 재테크에 눈을 뜨게 된 나는 관련한 온라인 카페들의 정보를 내 것으로 만들기 위해 노력했다. 특히 나와 같은 일반인들의 생생한 성공수기를 읽으면서 그들의 노하우를 내 상황에 맞게 적용하는 데 주력했다.

나는 수기를 읽으며 그들에게서 공통점 하나를 발견했다. 그것은 인생을 살아가면서 마주해야 하는 커다란 이벤트들을 정해놓고 그것을 위한 계획을 뚜렷하게 세워나갔다는 점이다. 그 이벤트가 소박하든 특별하든 상관없었다. 그들에겐 시간이 흐르면서 걱정과 불안이 쌓이는 게 아니라, 돈을 탄력적으로 이용할 줄 아는 노하우와 자신감이 쌓여갔다. 전문가들에게 상담도 받고, 스스로 시행착오를 겪으면서 그들이 내린 결론은 '재무설계는 나를 제대로 아는 것에서 시작해야 성공할 수 있다.'는 것이었다.

나는 재무설계 전문가가 아니다. 그래도 내 경험을 듣고 싶어 문의해오는 이들에게는 자신 있게 나만의 재무설계법을 들려준다.

하나, 나이대별로 꿈과 연결해서 재무 목표 설정하기

입사, 결혼과 출산, 창업 등 큰 이벤트가 생길 시기를 정해 꿈을 적어보자. 그리고 그 옆에 필요한 숫자들을 떠올려서 적어두자. 그렇게 큰 그림을 그려나가면서 'To do list'와 '목표'를 작게 쪼개나가다보면 어느새 자신이 살고자 하는 인생의 밑그림이 그려질 것이다.

둘, 현재 자산과 부채 그리고 지출 현황 들여다보기

가계부는 현재의 나를 제대로 아는 것에서부터 시작된다. 0원에서 시작한 내 대학생 시절 가계부가 1,000만 원이 모인 통장을 만들어내고, 입사라는 새로운 시작에서 1억 원이라는 자산으로 불려나갈 수 있었던 것도 모두 나를 꾸준히 들여다보는 과정을 반복했기 때문이다. 통장의 잔고가 얼마인지, 학자금 대출을 받았다면 갚아나가야 할 돈의 액수는 얼마이고, 언제까지 갚아야 할지부터 파악해보는 것이다. 현황을 파악한 후 자산액 목표에 맞춘 지출관리를 해나가야 한다. 꿈을 이루려면 돈이 시간을 제대로 만나야 하기 때문이다.

셋, 내 돈의 친구인 금융상품과 친해지기

꿈을 이루기 위한 재무 목표액을 정했다면, 내 돈에 친구를 만들어주자. 그 친구는 바로 적금과 예금, 혹은 펀드 등 각종 금융상품들이다. 그 친구들이 내 수입과 지출 패턴에 맞춰서 잘 굴러가고 있는지 수시로 점검해줘야 한다. 친구들은 자주 만나주지 않으면 멀어지게 마련이다. 금융상품이 내 삶의 큰 이벤트에 도움을 줄 수 있는 친구가 될 수 있게 하자. 자칫 적금액이 과도해서 중도해지를 하거나 지출액을 무리하게 줄이는 상황이 되면 지출의 요요현상이 생김은 물론 돈을 모아가는 즐거움마저 잃어버릴 수 있다.

넷, 라이프맵에 맞춘 나만의 포트폴리오 작성하기

나의 라이프맵을 그렸다면 수입 패턴에 맞춘 포트폴리오를 작성해보자. 예금과 적금 상품을 비롯해서 ELS Equity-Linked Securities, 주가연계증권나 ELF Equity-Linked Fund, 주가연계펀드 등의 펀드상품도 이용해보자. 부동산이나 경매에 관심이 있다면 이를 적절히 이용할 수도 있다. 이때 가장 중요한 것은 내 삶의 방향과 맞아야 한다는 것이다. 만일 스스로 포트폴리오를 작성하는 것에 자신이 없다면 재무설계 전문가의 도움을 받는 것도 좋다.

다섯, 어떤 방법을 선택하든 일단 시작하기

세상에 돈을 벌 수 있는 정보는 무궁무진하다. 하지만 구슬도 꿰어야 보배가 되듯 그것을 활용해서 실천하지 않으면 아무 소용이 없다. 나는 수입이 생기자마자 라이프맵과 계획들을 가계부에 적어놓고 꾸준히 수정해나갔다. 그것들이 내 꿈과 만나서 나를 응원해주고 있다는 생각을 하면 이상하게 힘이 났다. 그리고 돈을 버는 이유도 되새겨볼 수 있었다.

그리고 반드시 가계부를 써보라고 권하고 싶다. 시작이 어렵다는 말이 있듯이 무슨 일이든 꾸준히 지속하는 게 더 어렵다. 중도에 포기하고 다시 나태해지려 할 때, 가계부는 나를 채찍질하는 소리 없는 아우성이자 '너는 해내고 말 거야.'라는 응원의 메시지가 되어주었다. 나는 SNS에 일기를 올리는 대신 가계부를 쓰면서 내 일상을 기록한다. 누군가에게 보여주기 위한 일기는 쓰고 싶지 않다. 그저 내가 인생의 주인이 되어 삶을 계획하고 나만의 축제를 준비해나가고 싶기 때문이다.

거꾸로 가계부를 쓰면
협상의 달인이 된다

●

협상이란 '세치 혀'로 돈을 버는 방법
즉, 가장 손쉽게 돈을 버는 방법이다.
_《협상의 법칙》중

장면 하나

"찾으시는 물건 있으세요?"

"냉장고 좀 보려고요."

"혼수 준비하시나봐요. 가격대는 어느 정도를 생각하세요?"

"뭐, 한 200만 원대요. 근데 요즘 뭐가 제일 잘 나가요?"

장면 둘

"찾으시는 물건 있으세요?"

"네, 혼수용품으로 냉장고 좀 보려고 왔어요."

"이 제품이 최신 상품이에요. 디자인 좋죠?"

"예쁘긴 하네요. 근데 제 예산보다 가격이 너무 높네요."

"아, 예산이 어느 정도신지 알 수 있을까요?"

"200만 원 이상은 곤란하거든요. 혹시 TV나 김치 냉장고도 같은 브랜드로 사면 더 많이 할인해주시나요? (이름표를 보고) 어머, 부장님이시면 냉장고 안에 김치 통 하나 정도는 서비스로 더 주실 수 있죠?"

가전제품 매장에 가면 흔히 들을 수 있는 대화다. 그런데 말한 마디로 천 냥 빚을 갚을 수 있듯이, 곱고 똑똑한 말 한 마디로 돈을 벌 수도 있고 잃을 수도 있다. 나는 혼수용품을 준비할 때 매장 직원에게 내 예산을 먼저 솔직하게 밝히고, 최대한 할인이나 혜택을 받을 수 있는 방법을 물어봤다. 몰상식하고 안하무인인 손님이 아닌 다음에야, 현명한 소비를 하겠다는데 함부로 대할 리 없다. 더구나 예의를 지키면서 애교 섞인 부탁을 하는 고객에게는 판매자도 대체로 마음이 약해진다. 그리고 작은 것 하나라도 더 신경써줄 수밖에 없는 게 현실이다.

협상의 절대 원칙, 첫째도 윈윈 둘째도 윈윈

어릴 적 엄마를 따라 시장에 자주 다녔다. 장남 장녀인 부모님 덕분에 우리집은 제사도 잦았고 손님도 끊이지 않아 장을 보러 다닐 일이 많았다. 엄마는 시장 아주머니들에게 늘 존댓말을 쓰셨고 먼저 웃으며 인사를 건네곤 하셨다. 그러면 아주머니들은 콩나물 한 줌씩을 더 주셨고, 고깃집에서는 아침에 들어온 신선한 고기를 별도로 내와주셨던 기억이 난다.

'서당 개 3년이면 풍월을 읊는다'고 나도 엄마가 시장에서 장사하시는 분들을 대하는 태도와 부동산을 운영하면서 고객을 응대하는 모습에서 배운 게 많았다. 이른바 협상의 법칙을 배운 셈이다. 엄마에게 배운 가장 현명한 협상법은 양보하고, 또 양보를 받을 줄 아는 '윈윈'의 법칙과 긍정적인 말로 협상을 시작해야 한다는 것이다.

요구는 부드럽게 하되 단호해야 한다. 애초에 자신이 생각하는 예산을 명확히 하고, 어떤 상황에도 그 원칙이 흔들려서는 안 된다는 것이다. 이 전략은 결혼을 하고 큰돈 쓸 일이 많아진 오늘날 나의 '밀당 게임'에 든든한 방패막이가 되어준 협상법이다.

나만의 간단한 협상 노하우도 있다. 예산에 맞춰 구매를 해야 하므로 가격 흥정이 가능한 경우에는 일부러 판매가격 대비 내가 잡은 예산보다 더 적은 액수를 제안한다. 그러면 상인은 내가 제안한 가격에 딱 맞춰주지는 않겠지만 자신이 손해 보지 않을 정도로는 가격을 낮춰주는 경우가 많다. 물론 협상이 잘 안될 때는 내가 좀더 양보하면서 가격을 조절해나갔다. 터무니없이 욕심을 내는 무리수를 두지는 않았다. 그리고 물건이 좋다는 말은 빼놓지 않고 했다. 자기 가게의 물건이 좋아 보인다고 하는 손님을 야박하게 대하는 상인은 별로 없다. 칭찬으로 건넨 첫 마디에는 반드시 화답이 오게 마련이다.

가계부를 쓰면 협상 기술은 저절로 길러진다

정해진 예산 안에서 살림을 꾸려나가야 한다면 자연스럽게 협상의 달인이 될 수밖에 없다. 물건을 살 때 가격을 깎는 것만 협상이 아니다. 나 자신과도 협상을 해야 한다. 견물생심見物生心이라고, 좋은 물건을 보면 탐이 나고, 싸게 파는 물건을 보면 꼭 필요한 게 아니더라도 덜컥 사고 싶은 마음이 드는 법이다. 하지만 한 달 예산을 미리 정해놓고 그 안에서 소비하는 습관을 들인다면 충동구매의 유혹에서 빨리 벗어날 수 있다. 그러다보면 불필요하게 예산이 초과되는 일도 막을 수 있고, 모든 지출에 있어서 자신과의 '협상'을 하게 된다.

하지만 이 협상은 정말 필요할 때가 있고 아닐 때가 따로 있다. 시장에서 콩나물 한 바구니 사면서 가격을 깎으려 애쓰는 것보다 부동산을 매매하거나 차를 장만할 때 혹은 백화점과 같이 가격이 비싼 물건을 파는 곳에서 협상하는 게 훨씬 더 이득이다.

백화점의 경우 VIP 고객이 아니어도 협상은 가능하다. 내가 비싼 물건을 사는 순간엔 나도 VIP 고객이 되기 때문이다. 백화점에서도 매장에 디스플레이용으로 쓰인 가구는 정가 대비 30퍼센트 가량 싼 경우가 있고, 예산을 분명히 말하면 딱 그 가격엔 불가능하더라도 다양한 방법으로 할인에 할인을 더해주곤 한다. 식장을 계약할 때도 마찬가지다. 나의 경우, 정해진 예산이 분명히 있었기 때문에 그 비용에 맞는 업체 중에서 최대한 음식이 마음에 드는 곳을 골랐다. 다양한 루트를 통해 정보를 모았고 발품을 팔아 업체를 골랐다. 그중 음식 가격은 조금 비쌌지만 홀 사용료와 음주류를 무료로 서비스해주는 협상이 가능한 곳을 선택했다. 혼수용품을 준비할 때도 TV, 냉장고, 김치 냉장고를 한 매장에서 한 브랜드에 집중해 구매했기에 가격 협상이 수월했다.

물론 이 모든 협상의 근거와 필요성은 가계부에 잡혀진 예산 안에서 소비하고자 하는 마음가짐에서 비롯된 것이다. 결혼 준비를 하는 예비부부들의 경우 대략적인 금액과 물품 리스트만 짜놓고 쇼핑을 다니기 때문에 좋은 물건을 보면 마음이 흔들려 선뜻 카드를 꺼내게 된다. 그렇게 '한두 개 정도는 좋은 물건으로 사자.'라고 생각하는 순간, 혼수 비용은 순식간에 오버되고 예산 따위는 사라지고 만다.

어떤 가격 협상이든 성공하려면 반드시 예산을 구체적으로 짜야 한다. 내 구매의 원칙이 구체적이고 분명해야 상대의 말에 현혹돼 흔들리거나 충동구매하는 일을 막을 수 있다. 그리고 단골이 되어야 한다. 신뢰 관계를 쌓아나가면 흥정할 필요가 없기 때문이다.

새댁의 큰돈 아끼는 협상의 노하우

수십 년 간 살림을 해온 베테랑 주부들의 협상 노하우에 비하면 이제 갓 새댁이 된 나는 협상의 'ㅎ'자 정도밖에 모르는 셈이다. 하지만 20년 가까이 가계부를 쓰면서 단련해온 나만의 큰돈 협상법을 몇 가지 알려주고 싶다. 나 같은 햇병아리 새댁들에게는 도움이 될지도 모르니까.

부동산 앞에 붙어 있는 가격표를 믿지 마라

나는 부동산 가게 앞에 붙어 있는 매매표를 그대로 믿지 않는다. 물론 엄마의 조언 덕분에 알게 된 사실이긴 하지만, 기본적으로 세상의 모든 영업에는 미끼 상품이 있다고 생각하기 때문이다. 부동산에도 이렇게 미끼상품의 역할을 하는 '물건'이 있다. 그러므로 부동산 거래를 할 때는 반드시 전화 혹은 방문을 해서 전세가나 매매가를 비교해보며 정보를 수집해야 한다.

물론 의심부터 하라는 말이 아니다. 부동산업자들이 모두 복비 챙기려는 도둑놈 심보만 가졌다고 생각하면 누굴 믿고 나와 내 가족이 살 집을 구할 수 있겠는가. 가끔 엄마의 부동산 일을 돕다보면 그런 편견을 갖고 찾아오는 분들이 있다. 그런 고객에게 좋은 물건을 가장 먼저 소개하려는 중개인은 없을 것이다. 똑똑하게 따져보고 정보를 비교 분석해야 하는 건 맞지만 무조건 불신의 눈초리로 접근하면 좋은 결과를 얻기 힘들다. 다만, 직접 눈으로 확인하면서 집의 구조나 위치, 가격대를 현실적으로 파악하라는 것이다.

부동산은 거래시 성수기와 비수기가 있다. 성수기 때는 매도자와 부동산 중개인 모두 '갑'이다. 그러므로 해당 지역의 비수기를 사전에 확인하고 성수기와 비수기 가격 동향을 이주 1년 전에 미리 파악해두면 가격을 협상하는 데 큰 도움이 된다.

가입한 보험의 이름만 정확히 기억해도 돈 번다

사회 초년생이 되자마자 연금저축과 실손보험에 가입했다. 금융상품에 대해서는 잘 몰랐지만 나만의 재무설계를 할 때에 적어도 내가 가입한 상품만큼은 정확히 알아야 한다는 마음가짐으로 시작했다. 그래서 가입하기 전에 내가 가입할 보험명과 특약 사항, 보장이 안 되는 질병의 범위, 약관들을 꼼꼼하게 파악했다.

　연금저축에 가입할 때는 '얼마나 불입해서 언제, 어느 정도의 금액을 탈 수 있는지'를 집요하게 살폈다. 불입금액은 보험설계사의 조언 대신 나의 재테크 목표와 인생의 중요한 이벤트들을 고려해서 정했다. 그게 보험설계사와 협상하는 것보다 더 중요한 사항이라고 생각했다. 나의 소중한 돈에 시간이라는 힘이 작용하면 어떤 마술을 만들어내는지 너무나 잘 알고 있었기 때문이다. 더군다나 꽤 긴 기간 동안 빠져나가는 보험금 아닌가.

대출을 받을 땐 당당하게 '금리인하요구권'을 행사하자

　대부분의 직장인은 '대출 인생'을 살게 된다. 승진하고 월급이 올라도 매달 꼬박꼬박 빠져나가는 대출이자 때문에 살림은 늘 팍팍하다. 그러면서도 정작 대출금리인하를 요구할 생각은 하지 않는다. 금리협상권은 합법적으로 시행되고 있음에도 불구하고 대개는 그 권리를 행사하지 않는다.

　금융기관에 따라 금리인하가 가능한 조건은 조금씩 다르지만 대개 0.6~1.3퍼센트 정도의 금리는 깎을 수 있으니 적극적으로 활용해야 한다. 은행뿐 아니라 보험회사와 신용카드회사에서도 금리인하요구권이 시행되고 있다. 이처럼 협상을 잘 하려면 기본적인 금융공부가 필요하다.

살다보면 집을 수리할 일이 종종 생긴다. 나 또한 사연 많은 신혼집을 마련하면서 주말마다 여러 시공업체의 영업 가맹점과 직영 판매장을 돌아다니며 발품 팔아 정보를 수집해 공사를 했다. 이때 가게에 들어가서 쓰윽 보고만 나오지 않았다. 직원이나 사장님에게 꼭 말을 걸어서 대화를 했다. 이렇게 하다보면 자연스럽게 공부도 되고 그들이 쓰는 전문 용어를 은연중에 학습하게 되어 협상의 힘도 늘게 된다. 협상이란 더 많이 아는 사람이 이기는 커뮤니케이션 기법이기 때문이다.

가격 협상을 할 때는 그동안 수집해놓은 가격 정보를 기준으로 예산을 책정해놓고 얼마나 더 할인을 받고 싶은지 그 목표액과 어떤 부가적인 혜택을 받고 싶은지를 명확히 정했다. 예산이 명확해야 대화를 하다가 '더 좋은 것'이라는 말에 현혹되지 않기 때문이다.

거꾸로 가계부를 쓰면
절약이 즐거워진다

검약한 삶을 살면,
시간과 운명에 농락 당하지 않고
당당하게 세상과 맞설 수 있다.
_《검약론》 중

"선배는 무슨 낙에 살아요?"

"음…… 왜?"

"아니 뭐, 그렇잖아요. 지긋지긋한 회사생활을 하다보면 자신을 위해 돈 쓰는 재미도 있어야 하잖아요. 회사를 그만두고 싶다가도 카드 고지서를 받으면 그런 생각이 쏙 들어가고요."

오랜만에 회사 근처로 찾아온 후배와 점심을 먹고 카페에 앉자마자 나눈 대화다. 그린티라떼를 홀짝이는 후배에게 나는 물었다.

"너, 라떼나 프라푸치노 같은 음료 거의 매일 마시지? 근데 1주일에 3잔만 마신다 쳐도 1만 8,000원, 한 달이면 9만 원이야.

1년이면 얼만 줄 아니? 거의 100만 원에 육박해. 근데 그걸 매일 마신다면 도대체 라떼값으로 나가는 돈이 얼마나 될까?"

"헐, 선배. 전 라떼 없인 못 살아요. 게다가 그 정도 비용으로 이렇게 달달한 위로를 받을 수 있다고 생각하면 비싸다는 생각은 전혀 안 드는데요."

후배 역시 내가 재테크박람회에서 수상했다는 소식을 듣고 어떻게 하면 돈을 모을 수 있는지 궁금해서 찾아왔다고 했다. 그런데 그녀는 돈을 모으는 방법 중에서도 단지 '더 많이 불리고, 굴리는' 방법만 궁금했던 모양이다.

1억 원을 향한 4개의 절약

'서른이 되기 전에 1억 원 모으기'

직장생활을 시작하면서 내 가계부에 쓴 새로운 목표였다. 웬만한 사람들도 '1억 원의 벽'을 넘어서기가 쉽지 않은데 사회 초년생의 월급으로 가당키나 할까 싶었다. 그래서 독하게 마음을 먹고 나의 고정수입 중 80퍼센트 정도를 저축하기로 했다. 역계산을 해본 결과, 그래야 달성할 수 있는 목표였기 때문이다.

당시 내 초봉은 대기업 직원들 수준이 아니었고 3년가량 큰 변동이 없었기 때문에 내게 절약은 너무나 자연스러운 습관으로 몸에 배었다. 하지만 지금 돌이켜보면 저축으로 돈을 모으고 적은 예산 안에서 나름의 만족도를 높이며 소비하는 성취감이 반복되다보니, 일상의 절약은 오히려 품위 있는 삶이 무엇인지를 깨닫게 하는 소중한 경험이 되었던 것 같다.

하지만 아예 안 쓰고 살 수는 없는 법. 나는 스마트하게 소비하기로 결심했다. 바로 나만의 '4개의 절약'을 통해서 말이다. 예산은 잡혀 있는데 예산을 벗어난 지출을 해야만 하는 상황이 오면 아이디어를 짜냈다. 생각의 각도를 바꾸고 다른 행동을 선택하면서 환경에 맞게 작은 변화들을 시도하다보면, 마치 소꿉놀이를 하는 것처럼 즐거움이 생기곤 했다.

하나, 지식 절약

신상 구두를 사 모으듯이 나는 책을 수집하고 읽는 것을 즐긴다. 서점에 가서 예쁜 표지나 끌리는 제목의 책만 봐도 사고 싶은 충동에 휩싸일 정도다. 그렇다고 세상의 모든 책을 사들일 수 없는 건 엄연한 현실이었기에, 내가 선택한 방법은 '도서관 이용하기'였다. 머릿속이라는 책장에 책의 내용들을 사들이기로 마음먹었다.

도서관에 가서 책을 읽다가 정말 소장하고 싶은 책이 생기면 리스트를 만들었다. 그리고 부수입이 생기거나 생일과 같은 특별한 날, 나에게 선물로 사주곤 했다. 그러다보니 책에 대한 충동구매는 잦아들었고 도서관에 다니는 습관 덕에 오히려 다양한 분야의 책을 접하는 행운도 누릴 수 있었다. 그 외에도 각종 도서 이벤트에 참여하거나 리뷰 사이트에 서평을 올려, 출판사로부터 책을 선물받기도 했다. 요즘은 전자책이나 무료로 이용할 수 있는 콘텐츠도 열심히 찾아서 보고 있다. 카카오 스토리의 독서 클럽이나 SNS로 접하는 일반인들의 스토리들은 내게는 더없이 소중한 살아 있는 사람 도서관이나 마찬가지다.

둘, 미용 절약

다행인지 불행인지 나는 화장을 잘 하지 않는 '민낯 선호주의자'다. 그럼에도 직장생활을 하려면 기본적인 화장은 하고 다녀야 했기에 미용 관련 쇼핑을 위한 몇 가지 규칙을 정해두었다.

우선 대용량의 제품은 가급적 피한다. 화장품의 경우 물건 판매시 대용량을 좀더 싸게 구입할 수 있는 마케팅 프로모션이 이루어진다. 그런데 나처럼 화장을 잘 하지 않는 사람은 유통기한 내에 다 쓰지 못하고 버리는 일이 많기 때문에 주의해야 한다. 그리고 '1+1'이라는 상술에 혹하지 않는다. 화장품이라는 소비재는 유통기한이 있기 때문에 같은 제품을 누군가에게 선물하려는 목적이 아니라면 하나 더 준다고 무턱대고 살 게 아니다. '1+1'은 과소비를 유도하는 유혹의 숫자임을 명심하자.

나는 기초제품과 선크림만 꼼꼼하게 바르고 색조 화장은 거의 하지 않는다. 대신 상냥하게 웃고 먼저 인사를 건넨다. 미소야말로 최고의 화장품이 아니던가. 제아무리 화려하게 색조 화장을 한들 눈과 입이 웃지 않는 퉁명스런 얼굴은 미워 보일 수밖에 없다.

옷이나 기타 제품의 쇼핑은 분명한 목적이 있을 때만 한다. 견물생심이라고, 마네킹이 입고 있는 신상 옷이나 근사하게 디스플레이가 된 멋진 가방과 구두를 보고 있노라면 사고 싶게 마련이다. 그래서 아무 때나 쇼핑하지 않고, 계절별로 꼭 필요한 품목을 정해놓고 특정 기간에 구입하는 편이다. 게다가 정리에 민감한 성격이라 수시로 화장대와 옷장을 정리하는데, 이 습관도 절약에 도움이 된다. 계절별로 옷장 정리를 하다보면 예전에 사두었다가 까맣게 잊은 옷을 발견하게 된다. 특히 유행이 돌아와서 다시 입게 되는 옷들도 종종 있다. 충동구매를 피하려면 우선 내 옷장에 어떤 옷들이 있는지부터 파악하도록 하자.

패셔너블한 아이템보다 눈에 띄는 건 역시 잘 관리한 몸매다. 그래서 나는 미용 대신 다이어트에 집중하고 있다. 건강도 지키고, 몸매도 가꾸고, 돈도 절약하니 그야말로 '일석삼조'다.

셋, 식비 절약

다이어트는 모든 여성의 평생 숙제다. 나 역시 고등학생 시절 거구의 체격으로 적잖이 스트레스를 받았다. 더군다나 소위 물만 먹어도 살이 찌는 '물살'에, 한 끼만 잘 먹어도 금세 살이 오르고 안 먹으면 또 바로 빠지는 '고무줄 몸무게'인지라 유독 예민했다. 게다가 다이어트의 천적인 빵을 좋아하는 식성 때문에 식비 중 빵에 대한 지출이 화장품이나 옷값 지출보다 많았다. 그래서 나는 1억 원이라는 목표를 정하면서 과감히 빵과 과자 등 군것질의 유혹을 통제해나가기로 했다. 물을 수시로 먹거나 양치질을 하면서 달달한 것들의 유혹을 물리쳤다. 그러다보니 간식비 절약은 물론 다이어트와 건강까지 챙길 수 있었다.

넷, 여가 절약

나는 종종 애청하는 라디오에 응모한 사연이 당첨되어 연극이나 영화표를 얻거나, 공연 리뷰를 써서 해당 공연사의 다른 공연 티켓을 얻어 짬짬이 문화생활을 즐기곤 한다. 운도 작용했겠지만, 그 운이라는 것도 반드시 도전하는 자에게만 주어진다는 걸 잊지 말자. 나는 웹 서핑을 통해 그런 정보들을 주기적으로 찾아서 도전한다. 그 외에 최대한 할인 혜택을 보기 위해 평소에 갖가지 정보를 취합하려고 노력한다. 요새는 SNS나 각종 마케팅 프로모션 블로그 등에서 다양한 이벤트를 하기 때문에 그런 기회를 잘 활용하면 절약하면서도 얼마든지 문화생활을 즐길 수 있다.

안 쓰고 살 수는 없다, 후회 없이 쓰자

"열심히 벌어서 우아하게 쓰려고 했는데 쓰다보니 그렇게 안 되더라고요. 스트레스를 받으면 쇼핑백 주렁주렁 매단 채 시내 돌아다니는 걸로 위로받고 그러다 카드 청구서 보면 한숨만 나오고…… 솔직히 쓰면서도 내 감정을 잘 몰랐던 거 같아요. 마음이 허해서 그냥 돈만 써댄 거예요. 쇼핑 아니면 먹는 걸로 스트레스를 풀다보니 늘어나는 건 살들이었고, 줄어드는 건 통장 잔고더라구요."

나에게 '선배는 무슨 재미로 사느냐고' 물었던 후배는 나중에 이런 고백을 해왔다. 커피값 아껴서 부자가 되겠느냐던 그녀였지만 그 말 속엔 씁쓸함이 묻어 있었다. 후배에겐 용돈 예산이라는 게 없었다. 더 문제가 되는 건 예산도 없이 소비해왔지만 맘 편하게 쓰지도 못했다는 것이다. 쓰고 후회하는 패턴을 반복하면서 그녀에겐 자책감만 커졌다.

돈을 버는 일은 참 어렵지만 쓰는 일은 의외로 쉽다. 그런데 아무리 마음에 드는 물건을 샀다고 해도 돈을 쓰고 나면 마음 한켠에 허무함이 찾아들곤 한다. 하지만 돈이란 것도 제대로 잘 쓰면 참 재미있는 것이다. '왜 써야 하는지를 알고' 행복하게 쓴다면 말이다. 나는 절약도 '저축을 위한 또 하나의 자산'이라고 생각해서 4개의 절약을 즐기면서 해왔다. 무엇보다 나를 알면 백전백승임을 염두에 두고, 소비를 할 때는 내 마음의 소리에 좀 더 귀를 기울였다.

물론 돈을 모으기만 하고 안 쓰고 살 수는 없다. 내가 돈을 벌고 모으려는 것도 다 쓰기 위함이다. 다만 내게 소비와 지출은 '행복해지기 위해 쓰기'라는 기준이 있었다. 즉, 낭비가 아닌 후회 없이 잘 쓰는 소비를 하는 것이다.

젊은 시절, 본인이 원한다면 얼마든지 돈을 쓰며 즐길 수 있다. 단 그 돈의 사용이 지금 내 인생의 재무 목표상 낭비가 아닌 소비여야 한다. 나는 내 나이와 경제적 수준, 그리고 내 능력에 맞는 소비이거나 정당한 가치가 있는 소비라 판단되면 지금도 즐겁게 쓴다.

거꾸로 가계부를 쓰면
요요현상도 이겨낼 수 있다

돈은 출처가 모호할수록 흥청망청 쓴다.
어디서 나왔는지 잊어라.
어떤 돈이든 절대 금액은 똑같다.
《부자들의 생각법》중

다이어트에만 요요현상이 있는 게 아니다. 소비 다이어트도 과하게 하면 요요현상이 일어난다. 나도 한때 저축과 소비의 요요현상에 시달린 적이 있다. 교환학생으로 홀로 일본에서 생활할 때 잦은 폭식을 했고 쓸데없이 옷을 사들이는 폭풍 지출의 연속으로 나의 가계부는 울고 있었다. 쓰면 안 된다는 강박 때문에 누르고 눌러왔던 욕구가 한방에 터지고 만 것이다.

'그동안 안 쓰고 아끼며 힘들게 절약해왔으니까 이 정도는 내게 주는 선물이라고 생각하자. 일본까지 와서 안 쓰면 나중에 후회할 거야.' 이런 보상 심리가 발동하면서 당시 걷잡을 수 없는 악순환에 빠져들었다. 일종의 스트레스성 지출이었다.

한국에서 절약신공을 펼치며 대학생활 동안 '1,000만 원 통장 만들기'라는 꿈을 향해서 부단히 달려가던 나였지만, 그간 절약하며 쌓인 스트레스가 고름처럼 곪아 있다 일본에서 터져버린 것이다. 매일 밤 일본의 노점상에서 주전부리를 사먹고, 각종 빵들을 섭렵했으며, 편의점의 달달한 먹거리들을 입에 달고 살았다. 덕분에 점점 살이 쪄서 한국에서 가져온 옷은 맞지 않았다. 그래서 새 옷을 사기 위해 쇼핑을 할 수밖에 없었고 소비와 지출의 악순환이 계속 되었다. 그렇게 내게는 몸뿐 아니라 마음에도 요요가 오고 있었다.

가계부는 말한다, "너무 아끼고만 살아도 앙~대요."

정말 순식간에 걷잡을 수 없이 몸무게는 불어나고 그에 비례해 가계부에는 지출내역이 늘어갔다. 매일 펼쳐보며 대화를 나누던 친구 같은 가계부도 그때만큼은 처다보기가 싫었다. 아니 두려웠다. 쌓여가는 영수증만 봐도 가슴이 철렁 내려앉기 일쑤였으니까.

대개의 여대생들은 일본에서 내가 그랬듯이 달달한 간식과 보세숍의 쇼핑을 즐긴다. 하지만 내 사전에 '쇼핑'은 소비 혹은 지출과는 다른 개념이었다. 꼭 필요한 것을 사기 위한 지출이 아니라 군이 사지 않아도 될 물건을 사들이는 낭비에 가까운 개념이었다. 그런 내가 몇 번 입지도 않을 옷과 신발을 사들이고 다시 빵순이로 돌아가 몸매마저 빵빵해지고 있었으니, 우울증이 올 수밖에 없었다.

그때 알았다. 절약에만 몰두하는 바람에 20대 여대생으로서의 내 소중한 일상에는 너무 소홀했다는 것을. 그 이후 꿈을 향한 여정이 중단되지 않으려면 무조건적인 절약보다 현명한 지출을 하는 게 더 중요함을 깨달았다. 현명한 지출은 오히려 현명한 수입구조를 만들어내고, 건강한 지출이 있어야만 자산도 건강하게 성장할 수 있다는 것을 말이다.

그동안 내가 다이어트에 실패했던 주원인은 단식과 절식을 반복하면서 식욕을 과도하게 억누르다, 스스로도 알아채지 못한 스트레스가 한순간에 폭발해 폭식으로 이어진 데 있다. 그리고 이때의 폭식은 둑이 무너지듯 순식간에 몸과 마음의 밸런스를 무너뜨렸다. 당연히 복귀를 위해서는 몇 배의 고통을 감내하는 노력이 필요했다.

돌이켜보면 일본에서 옷 사재기와 빵으로 스트레스를 풀며 낭비를 반복한 것은 나의 다이어트 실패와 비슷한 패턴이었다. 나는 깨달았다. 무조건 중단하는 것이 아니라 적절히 조절해나가면서 차근차근 쓸데없는 낭비를 줄여나가는 것이 중요하다는 것을 말이다.

마음의 요요가 오면 그동안의 노력에도 불구하고 재테크 역시 '도로아미타불'이 된다. 때로는 '아껴서 뭐해? 궁상스럽게 산다고 부자가 될 것도 아니고, 그냥 나에게 투자해서 더 큰 걸 얻으면 되잖아?'라는 자기합리화도 하게 된다. 그런데 중요한 건 '투자'에 대한 정의다. 진정한 자기계발은 돈을 들여 얻는 그 무엇이 아니라, 습관을 바꾸는 것임을 알지 않는가. 즉, 마구잡이 소비가 투자는 아니라는 말이다.

현명하게 요요 없이 잘 쓰는 법

마트에서 장을 볼 때 쿠폰북을 모아서 적재적소에 쓰고, 백화점에서 일정 금액 이상을 구입하면 주는 사은품을 알뜰히 챙겨 받으려고 노력하는 우리의 새댁들. 사고 싶은 물건이 있으면 매장에서 직접 보고 집에 와서 인터넷으로 최저가를 검색해서 스마트한 소비를 하는 여대생들. 이렇게 칭찬받아 마땅한 그녀들이 왜 돈은 못 모으는 걸까.

그럼 이걸 한번 생각해보자. 그렇게 차곡차곡 쌓아놓은 알뜰함이라는 공든 탑이 한순간에 무너지는 때가 언제인지를 말이다. 그동안 열심히 일하고 아껴왔으니 나에게 선물을 줘야 한다고 생각하는 순간이다. 문제는 그런 선물이 너무 잦다는 데 있다. 그리고 정작 아껴야 할 것에는 수수방관하는 것도 문제다.

소위 재테크 알뜰 새댁녀로 방송 출연도 해본 나로서는 푼돈의 중요성과 그 영향력이 얼마나 대단한지 잘 안다. 하지만 알뜰함만 고집해서는 결코 푼돈을 목돈으로 만들 수 없다. 요요현상이 오면 순식간에 사라지고 말 돈이기 때문이다. 하지만 이 돈도 요요 없이 현명하게 잘 쓰는 방법이 있다. 바로 큰돈을 잘 쓰고 적절한 소비패턴에서 꾸준히 지출과 타협해나가는 것이다.

> 새댁 A : "여보, 나 3만 원짜리 신발을 1만 원 깎아서 샀어. 잘했지?"
> 새댁 B : "여보, 나 3만 원짜리 실비보험금을 자동이체 신청해서
> 1,000원 청구할인을 받았어. 잘했지?"

어느 쪽이 더 잘했을까? 나는 두 번째 새댁에게 한 표를 주고 싶다. 분명 1만 원이 1,000원보다 큰 액수일 텐데 내 선택의 이유는 무엇일까? 아마 계산해보면 금방 알 것이다. 1만 원짜리 한 번의 할인보다, 10년 동안 1,000씩 할인을 받는 게 더 이익이라는 것을. 이처럼 아낄 때 제대로 아껴야 푼돈도 목돈으로 불릴 수 있다. 시장에서 악착같이 500원 깎고 쓰레기봉투값 아깝다고 터질 듯이 집어넣으면 뭐하겠는가. 대출이자가 변동금리로 몇십만 원씩 올라가는 것도 모르고, 절세에 대해 아무런 개념이 없다면 푼돈을 아끼는 노력은 스트레스만 가중시킬 뿐 가계에 큰 도

움이 되지 않는다. 그렇게 소소한 절약에 집착하다가 스트레스가 쌓이면 어느 날 '빵' 터져서 명품 가방을 사러 달려갈지도 모를 일이다.

한번은 옷장 정리를 하다가 버릴 옷 대부분이 일본에서 산 옷이라는 걸 발견하곤 깜짝 놀란 적이 있다. 당연히 반성이 뒤따랐다. 돈은 무조건 아끼려고만 할 게 아니라, 적절히 스스로와 타협해가면서 '잘 쓰기'를 해야 목돈이 된다는 것을 다시 한 번 깨달았다.

폭식을 하고 나면 반드시 자책과 후회가 뒤따른다. 소비도 마찬가지다. 뭐든 그렇듯이 과유불급이다. 큰 꿈이 정말 꿈에 그치지 않으려면 작은 목표를 하나씩 세워서 그 큰 꿈에 최대한 빨리 다가갈 수 있는 현명함을 갖춰야 한다. 다이어트에도 소비에도 요요 따위는 오지 않을 정도의 현명한 내공이 쌓인다면 우리의 가계부도 통장도 건강 체질로 바뀌어 있을 것이다.

가장 중요한 것은 가계부에 지출을 기록하는 데 그치는 게 아니라, 왜 돈을 모아야 하는지 소중한 내 돈을 현명하게 쓰고 활용하려면 어떻게 해야 하는지 전체적인 그림부터 그려야 한다는 점이다. 단, 목표는 뚜렷하되 단기간에 많은 돈을 모아야 한다는 강박은 버리자. 일단 가계부를 쓰면서 자신의 소비 패턴부터 파악해보자. 평소 나의 소비 패턴만 정확히 알아도 잘 쓰는 법을 깨닫게 된다.

내 몸과 마음에 맞는 방법을 찾아 지속하기

다이어트도 재테크도 편한 마음으로 꾸준히 관리하고 유지해야 비로소 성공한다. 식이요법과 운동은 분명 좋은 다이어트법이지만 이 역시 너무 무리하게 계획하면 부작용이 생기게 마련이다. 나는 원푸드 다이어트를 하면서 단기간에 살을 뺀 적이 있다. 물론 중단하는 순간 다시금 요요가 찾아왔고, 몸과 마음은 다이어트를 하기 전보다 피폐해졌다.

재테크도 마찬가지였다. 마음이 불편한 투자는 나에게 맞는 투자가 아니었다. 다른 이들의 추천으로 주식이나 펀드상품을 소개받았지만 나는 거기에 투자하지 않았다. 주식과 펀드는 잘 알지도 못할뿐더러 왠지 내게는 잘 맞지 않는다는 생각이 들었고, 그래서 꾸준히 관심을 갖고 투자하지 못할 것을 예견했기 때문이다. 본인이 알아서 끝까지 관리할 수 있는 금융상품이라면 상대적으로 저금리여도, 목돈 마련을 위한 경쟁력이 있다고 믿는다. 중요한 건 자신의 성향에 맞고 지속적으로 해나갈 수 있는 재테크 방법을 찾아 선택하고 유지하는 것이다.

다이어트도 재테크도 자신의 기초 체력과 성향에 맞아야 한다. 그래야 성공할 수 있다. 기초 체력은 꾸준함을 말한다. 어쩌면 가계부를 쓰거나 재테크를 할 때 실패하는 가장 큰 이유는 바로 이 꾸준함이라는 기초 체력이 부족해서일 것이다. 아무리 좋은 기술을 가진 선수라 해도 체력이 뒷받침되지 못하면 화려한 기술을 펼칠 수 없다. 제아무리 좋은 다이어트 비법과 식단, 그리고 운동 방법을 가지고 있다 해도 내 몸, 그리고 생활패턴과 맞지 않으면 말짱 도루묵이다.

금융상품도 마찬가지다. 아무리 좋은 상품을 추천받고 선택했다 해도 만기나 목표 기간을 끝까지 유지하지 못하면 그 상품의 장점을 살리기란 불가능하다. 목표수익률을 달성하기도 어렵다. 그렇게 몇 개월 모아놓은 돈일수록 흔적 없이 어디론가 사라져버릴 확률도 크다. 최근 어느 경제 신문에서 '중도해약시 원금을 손해보는 연금상품의 중도해약률이 77퍼센트, 종신 보험의 경우 10년 내 해약률이 50퍼센트가 넘는다.'는 기사를 본 적이 있다. 자신의 상황에 맞는지 따지지도 않고, 금융상품에 대한 이해도 없이 무작정 가입했을 경우, 어떤 손해를 보게 되는지를 잘 보여주는 사례다.

시중에는 수많은 재테크 서적들이 있다. 하지만 대부분의 책은 상품 선택이나 자금운용에 대한 기술만을 강조한다. 나는 기술이 중요한 게 아니라고 감히 말하고 싶다. 중요한 건 우리가 스스로 선택한 금융상품을 얼마나 잘 이해하고 있으며, 그것이 나와 얼마나 잘 맞느냐 하는 점이다. 그래야 목표 기간 및 수익률을 지켜낼 수 있다.

거꾸로 가계부를 쓰면
세상 경험을 하게 된다

해결책은 어쨌든 밖으로 나와서
두려움을 견디고
할 일을 하는 것이다.
_수잔 치버

어느 봄날, 남편과 프랜차이즈박람회 데이트를 즐기고 있던 중에 뜻밖의 전화 한 통을 받았다.

"실례지만 김혜원 씨 되시나요?"

"네, 제가 김혜원입니다만……."

"축하드립니다. 재테크박람회 일반인 수기 공모전에서 1등으로 선정되셨습니다. 시상식을 해야 하는데 혹시 박람회에 참석해주실 수 있으신가요?"

'내가 1위에 선정되었다고?' 뛸 듯이 기뻐해야 할 일이지만 처음엔 믿기지가 않았다. 나는 화려한 스킬을 가진 재테크 달인도 아니고, 나의 이야기는 대단한 고수익을 올린 소위 대박의 경험담도 아니었기 때문이다. 그저 꿈을 이루기 위해 꾸준히 가계부를 쓰면서 자산을 적절히 분배하고 절약을 실천한 소박한 스토리에 불과했을 뿐이다.

짠순이의 가계부 절약테크로 1등의 영예를 안다

시상식에 참석하기 위해 찾은 서울 머니쇼 현장의 열기는 남달랐다. 은행과 증권회사, 각종 보험회사부터 아파트 청약 홍보를 하는 건설회사와 재무 컨설팅업체들까지 열띤 홍보전을 펼치고 있었다. 그곳에 모인 사람들은 나와 같이 '돈' 이야기에 관심이 있는 현실의 혹은 미래의 알짜 부자들이었으며, 각기 다양한 사연을 갖고 온 사람들이었다. 그리고 우리들의 명확한 공통점은 바로 '돈'에 대해서 알고 싶어한다는 것이었다.

나 외에 2등과 3등을 수상한 일반인의 재테크 수기가 한쪽에 공개되어 있었다. 그들의 수기를 보고 새삼 놀랐다. 그들 역시 대박의 노하우로 돈을 모은 게 아니었기 때문이다. 수기 공모전에서 수상한 일반인들의 노하우는 그저 자신의 생활 속에서 실천해온 사소하지만 일상적인 방법들이었다.

동네 마트의 창립 기념일과 수시 세일을 이용해 최대한 지출을 아끼고 카드 누적 포인트를 상품권으로 대체해 충동구매를 막은 어느 주부의 전략, 가계의 자금 목적에 따라 통장과 저금통, 신용카드에 이름을 붙이는 아이디어로 심사위원들의 눈길을 끌었던 새댁, 아르바이트로 모은 종잣돈을 갖고 미분양 아파트, 상가투자, 재개발사업 순으로 단계별로 수익성 부동산의 영역을 확대해나가며 고수익을 달성한 한 가장의 이야기까지……. 사연은 다양했으나 그들에겐 하나같이 '꿈'이 있었다. 그 꿈은 100억 원대 부자 되기와 같은 허황된 게 아니라 '풍요롭고 행복한 삶'을 위한 지극히 간절한 것이었다.

그 가운데 내 이야기는 생활 속에서 누구나 실천할 수 있는 '짠순이 절약테크'로 최고점을 받았다. 높은 점수를 받은 이유 중 하나는 '20대 1억 원 마련'이라는 뚜렷하고 가시적인 목표를 세웠다는 점이다. 당시 내 가계부에는 단기·중기·장기 목돈 마련 원칙이 있었다. 그리고 1억 원 목표 달성 이후엔 작가가 되겠다는 꿈을 위해 중장기 전략을 세웠다.

작가라는 꿈과 함께 '나만의 서재가 딸린 집'을 두 번째 목표로 잡았고, 그 꿈을 향한 진심어린 노력을 기울였다. 이것이 당시 전문가들에게도 통했던 모양이다. 매일 가계부에 꼼꼼하게 재테크 일기를 쓰며 돈이 새는 걸 막는 데 주력하고, 1년짜리 예금 만기에 재예치를 반복해 복리 효과를 누렸다는 점도 좋은 평가를 받았다(물론 정기적금과 보험 등 안전자산 비중이 80퍼센트에 달해, 젊은 나이에 비해 리스크 자산 투자가 적은 것은 약점으로 지적받았다).

　나는 재테크박람회를 통해서 돈에 대한 나의 마음가짐을 다시 한 번 되돌아볼 수 있었다. 왜 돈이 필요한지 그리고 돈을 벌려고 하는 이유가 무엇인지 말이다. 박람회에 참여한 일반인들은 저마다 천차만별의 사연을 지니고 있을 테고, 그 사연에 얽힌 자산을 갖고 있을 것이다. 그런데 그 안에서도 정말 행복한 부자를 꿈꾸는 사람들은 헛된 욕심과 큰 야망에 집착하지 않는다는 걸 알게 되었다. 그들은 본인이 처한 현실을 바탕으로 실천할 수 있는 것들을 행동에 옮기고, 자산에 '꿈'이라는 날개를 달아 행복한 성취를 이룬 이들이다. 꿈도 목표도 없이 '부' 자체만을 원하며 품은 헛된 욕망은 그 크기만큼 그림자를 드리우며, 늘 사람을 허기지게 만든다. 그러면 결코 행복한 부자가 될 수 없다. 내가 그랬듯이 아마 그때 머니쇼 시상식의 다른 수상자들도 지금 그 소박한 풍요로움의 꿈을 이루어나가고 있을 것이다.

　용돈기입장을 쓰던 소녀가 쟁쟁한 고수들을 제치고 재테크박람회에서 1등의 영예를 안은 새댁이 된 건 가계부에 써내려간 꿈 이야기 덕분이다. 그리고 비로소 '20대 1억 원 모으기'라는 나만의 꿈 덕분에 지금 이렇게 책을 통해 세상과 소통하고 새로운 경험을 쌓아나가는 첫발을 내딛게 되었다.

돈, 새로운 세상을 경험하고 꿈을 꾸게 하는 숫자 도구

재테크박람회에 제출한 수기에 씌여 있던 '내집 마련'이란 목표는 결혼 후 달성했다. 그리고 지금 나의 꿈은 나만의 문화 공간인 'cafe heaven 21'에서 북콘서트를 여는 것이다. 그 꿈을 향해 가계부와 함께 부지런히 달려가고 있다.

어떤 이에게는 내가 너무 돈에 집착하는 여자로 보일지도 모르겠지만, 사실 나에게 돈은 숫자에 불과하다. 돈은 새로운 세상과 만나게 하고 행복한 꿈을 이루는 데 없어서는 안 될 일종의 '숫자 도구'인 셈이다. 나는 이 숫자들을 좀더 효율적으로 관리하고 키워나가는 법에 관심이 있을 뿐이다.

어렸을 적 엄마에게 생일 선물로 향수를 드리고 싶다는 꿈이 있었을 때는 용돈을 모아나갔다. 대학 입학 후에는 가족들과 졸업 전에 해외여행을 가고 싶다는 목표와 더불어 1,000만 원 통장의 꿈을 꾸었다. 그래서 장학금을 타기 위해 노력했고, 재능을 발휘하며 돈을 벌 수 있는 아르바이트를 찾으려 애썼다. 결혼하고 나서는 서재가 있는 집과 나를 닮은 가게를 마련하겠다는 새로운 꿈을 갖게 되었다. 지금은 그 꿈의 달성을 위해 자산의 숫자를 더 크게 만들고 돈과 일의 선순환구조 만들기에 집중하고 있다.

나는 요즘 대한민국의 직딩녀로 살면서 돈과 일의 관계에 대해 매우 진지하게 고민하는 중이다. 직장인이 돈을 벌고 모을 수 있는 최고의 방법은 회사 일을 열심히 해나가는 것일지도 모른다. 그보다 더 좋은 것은 지금 하고 있는 일을 좋아하면서 돈도 많이 버는 것이다. 그러기 위해서는 끊임없이 내가 뭘 원하는지 스스로에게 물어야 한다. 좋아하는 일을 찾아 그 일에 올인하면 돈은 저절로 따라오게 되어 있다. 내가 좋아하고 내 재능을 살릴 수 있는 것이 무엇인지 찾아 그것을 즐기다보면, 돈은 저절로 따라붙는다는 걸 이미 경험해봤기에 이렇게 자신있게 말할 수 있다.

나는 종종 우리 동네 장터인 벼룩시장에서 장사를 하곤 한다. 훗날 나만의 가게를 만들겠다는 소망을 이루기 위해 경험 삼아 하는 취미생활이다. 정리정돈을 즐겨하는 나는 뚱뚱했을 때 입었던 옷, 시간이 흐를수록 잘 사용하지 않는 가방이나 액세서리, 다 읽은 책 등을 모아서 종종 시장에 참여한다. 소소한 푼돈이지만 어느새 지갑은 꽤 두둑해진다. 무엇보다 그런 과정을 즐기는 내 모습을 느낄 때마다 참 행복하다.

거꾸로 가계부를 쓰면
서른 전에 1억 원을 모을 수 있다

백만장자들은 예산을 세우고
지출을 억제하는 방법으로
부자가 되었다.
_《이웃집 백만장자》 중

적금 만기의 기쁨, 누려본 자만이 알 수 있다. 첫 적금 통장이 만기가 되는 날의 기억은 아직도 생생하다. 당시 월급으로 적금 2개를 불입하고 있었는데 그중 통장 하나가 만기되었을 때의 쾌감이란 이루 말할 수 없었다. 부모님과 함께 케이크에 첫 번째 초를 꽂은 후, 해가 거듭될수록 초는 하나 둘 늘어나면서 적금과 예금의 만기도 나를 찾아와주었다.

그러던 어느 날, 적금과 예금 그리고 4개의 절약을 통한 나의 종잣돈 모으기 운동은 통장의 순자산 금액을 1억 원으로 만들어주었다. 부모님과 함께 산 덕분에 월세나 생활비도 지출하지 않았고, 학자금 대출을 갚을 일도 없었기에 나는 거침없이 1억 원 모으기에 매진할 수 있었다.

그 꿈을 이루는 데 있어 숨은 꿀단지 같은 비법은 없었다. 그저 꾸준한 저축의 반복과 낭비 없는 지출 습관의 반복, 그리고 모든 통장에 이름표를 붙여서 목표와 이유가 있는 재무관리를 해온 것뿐이다. 물론 이 모든 것은 엄마의 가계부를 동경하며 쓰기 시작한 나의 가계부 덕분이다. 가계부의 예산은 나와의 약속과도 같았다. 그 안에서 씀씀이를 줄이고 저축액은 늘려나가는 습관을 반복한 끝에, 드디어 내가 목표했던 1억 원이라는 꿈의 고지를 돌파한 것이다.

직딩 버전 통장 업그레이드

첫 월급의 기쁨은 1억 원의 꿈과 함께 본격적인 항해를 시작했다. 1억 원을 목표로 정한 데는 몇 가지 이유가 있다. 일단 입사 합격 후 내 인생의 주요한 이벤트들을 그려보던 중 가장 먼저 찾아올 목표는 결혼과 집 장만이라고 판단했다. 1억 원이 있으면 아파트를 포함한 주택의 전세금은 마련할 수 있을 거라고 생각했고, 너무 큰 금액은 오히려 결핍감만 들게 할 것 같아 1억 원을 목표액으로 잡았다. 그렇게 1억 원을 목표로 거의 한 달 동안은 월급통장을 어떻게 쪼갤지 즐거운 고민을 하면서 출퇴근

했다.

다양한 재테크 카페를 통한 간접 경험으로, 직장인들에게 월급은 '창밖에 스치는 빗물처럼 주르륵' 하루 만에 사라지는 것임을 진작 알고 있었다. 그래서 직딩 버전의 통장과 가계부로 업그레이드해나가기로 했다. 우선 가지고 있는 통장의 대대적인 정리가 필요했다. 수시입출금통장만으로 1억 원이라는 목돈을 만드는 것은 언감생심이었으니 말이다.

하지만 1억 원이라는 벽이 높다고 기죽지는 않았다. 오히려 매월 고정적인 수입이 생긴 현실에 감사하면서, 내게도 본격적으로 사회 초년병 재테크를 할 수 있는 실전의 기회가 찾아왔다고 긍정적으로 생각을 전환했다.

그리고 나에게는 세상에서 가장 든든한 멘토인 엄마가 있었다. 인생의 선배이자 꼼꼼한 가계부와 정리정돈의 달인인 엄마의 조언에 귀 기울이며 미리 그려놓은 라이프맵을 바탕으로 나의 '직딩 버전 가계부'에 어떤 통장들을 마련해나가야 할지 하나하나 목적별로 나열해 적어보았다. 그렇게 통장을 조금씩 세분화하면서 나의 가계부와 통장도 재탄생하게 되었다.

지금 생각해보면 사회 초년생 시절, 통장을 정리하고 가계부 업그레이드를 해나가는 과정 자체가 소위 '재무설계'나 마찬가지였다.

1억 원을 모으기 위한 월급통장 사용설명서

'아하, W통장은 스윙의 개념이 있네. 소액이 남아 있어도 어느 정도 금리가 붙는구나.'

'어머 K통장은 체크카드를 연계하고 적금까지 해당 은행에 불입하면 금리우대를 해주네.'

그동안 쌓아온 재테크 지식들을 최대한 활용하면서 우선 각 은행의 지점별로 상담을 받았다. 조금 귀찮더라도 부지런히 발품을 판 덕분에 시중은행들이 내세우는 월급통장의 장단점을 파악한 후 내게 가장 적합한 통장을 선택할 수 있었다.

당시에는 재테크 서적도 많이 봤고 인터넷 카페에 들어가서 다른 사람들의 경험담도 많이 참고했다. '나보다 월급이 많은데도 이 정도밖에 저축을 못한다고? 아하, 독립해서 살다보니 대출금 이자에, 관리비 등 주거 관련 지출이 많구나. 휴, 나는 감사해야겠다. 역시 대출은 월급을 갉아먹는 해충이네.'

이런 식으로 수많은 경험담과 정보 중 완벽하게 이해된 정보만을 바탕으로 내가 설정한 목표에 맞춘 나만의 밑그림을 그려가기 시작했다. 1억 원이라는 꿈을 갖고 말이다. 내 자산을 튼튼하게 불려줄 금융상품과 통장을 엑셀 가계부에 하나둘 입력해나가기 시작했다. 그리고 최종적으로 금융상품을 선택하기 전에 통장과 관련된 몇 가지 규칙을 세웠다.

하나, 월급통장

수시입출금통장 : 수수료 무료 혜택, 지점이 집과 회사 근처에 있어 이용이 쉬워야 함
월급통장 : 각종 수수료 면제 및 카드이용금액에 따른 금리가 높은 통장

　월급통장은 내가 자주 확인하고 문의하기 쉽도록 회사와 우리집 근처에 지점이 있는 은행들 중 각종 수수료가 면제되는 통장 및 카드이용금액에 따라 금리가 올라가는 통장을 선택했다. 그래서 당시 고금리 수시입출금통장이었던 CMA통장을 월급통장으로 해야겠다며 마음에 담아두고 있었다. 그러나 아쉽게도 우리 회사는 CMA통장으로는 월급을 받을 수 없는 정책이 있어서 포기해야 했다.

사실 지점 위치도 꽤 먼 편이었다. 하지만 이가 없으면 잇몸으로! 어차피 월급통장을 베이스캠프 삼아 문어발식으로 통장을 세분화할 예정이었기에 CMA통장은 비상금통장의 목적으로 개설하고, 월급통장은 접근성이 제일 좋고 잔액에 한해 최고의 금리를 주는 은행의 통장으로 선택했다.

둘, 종잣돈통장

적금/예금통장 : 예금자 보호 한도를 고려해 1년 만기를 지속적으로 돌려 나가기
기타 비상금통장 : 수시입출금이 가능한 고금리 CMA 종금사 발행 상품

　연차가 올라갈수록 감사하게도 연봉 또한 오른다. 물론 쥐꼬리만 한 수준이지만 꼬박꼬박 연봉이 오를 때마다 만기의 기쁨

도 함께 누리며 적금통장과 예금통장에 지속적으로 입금해나갔다. 친구나 다른 동기들은 주식이나 펀드도 선택했지만, 나는 결혼자금과 내집 마련을 위한 1억 원의 종잣돈을 모아야 했기에 원금을 까먹지 않는 방법을 택했다. 그래서 수익이 적더라도 꾸준히 목돈이 불어나고 일정 이자수익이 보장되는 적금과 예금 상품에 투자하기로 마음먹었다.

이후 최대한 금리가 높은 적금상품을 찾아 꾸준히 불입하다가 그 적금통장이 만기가 되면 만기액과 이자를 고스란히 1년짜리 예금통장에 묶어두었다. 그렇게 적금과 예금통장을 같이 늘려나가는 방식을 반복했다.

물론 3년이나 5년짜리 장기적금에 가입하면 금리는 조금 더 받을 수 있다. 하지만 내가 1년 만기를 선택한 이유는, 불입 도중에 목돈을 써야 할 때를 대비해서다. 부득이하게 중도해지를 할 수밖에 없는 상황에 놓일 때가 있을 텐데, 그렇게 되면 약정한 금리가 아닌 제로에 가까운 이자액과 원금만 돌려받게 된다. 하지만 내 재테크 사전에 없는 말이 하나 있다. 바로 '중도해지'다.

나에게 목돈 만들기는 일시에 돈을 확 부풀리기 위한 투자가 아니라, 꾸준히 돈을 굴려서 점차 크게 만들고자 하는 것이다. 이처럼 나의 종잣돈 모으기는 적금이 만기되면 다시 그 목돈을 1년짜리 예금통장에 재예치하는 것을 반복해나가는 것을 원칙으로 했다. 물론 이때 세금은 반드시 짚고 넘어간다. 그래서 은행상품 중에도 1인당 한도액이 정해져 있기는 하나 절세 혜택이 있는 상품을 찾아서 이용했다.

농협·신협·새마을금고의 경우 조합원 가입시 농어촌특별세(농특세) 1.4퍼센트만 세금으로 부과하고 나머지는 모두 돌려준다(1인당 3,000만 원 가입 한도). 일반 은행의 세금우대상품으로는 9.5퍼센트의 세금을 내는 세금우대종합저축상품이 있다(1인당 1,000만 원 한도).

셋, 노후대책통장

연금저축 : 연말정산시 절세 혜택, 월급 대비 적정 수준의 금액 불입

지금은 매달 정기적인 수입이 있지만, 더 이상 일을 할 수 없게 되는 그날을 위해 월급의 일정액 이상을 연금저축에 가입하기로 했다. 이것이 나에게는 노후대책통장이다. 그런데 내 마음 속에서 보험은 모두 '저축'이 아닌 '지출'로 느껴졌고 지금도 지출비용의 하나로 관리하고 있다. 왜냐하면 종잣돈이나 저축상품은 비상시 언제든 찾아 쓸 수 있지만, 건강보험이나 실비보험 및 변액연금저축상품들은 그 특성상 만기에 환급된다 하더라도, 장기간 불입해야 하기 때문이다. 차라리 없어지는 돈이라 생각하면서 불입하니 속이 편했다. 단, 내 건강과 노후를 지켜주는 대가로 말이다.

연금저축과 같은 보험성 상품을 선택할 때는 더욱 신중을 기했다. 납입기간부터 불입액수, 환급시기와 환급액 등을 꼼꼼히 챙겼다. 10년이나 15년 동안 일정액을 꾸준히 납입하면 나중에 소득이 불투명해지는 나이에 해당 금액을 매달 혹은 매년 내가 책정한 시기에 맞춰 돌려받을 수 있는 상품으로 골라 가입했다. 직장인으로서 언제까지 일할 수 있을지, 혹은 고정적인 월수입이 언제까지 있을지를 고민한 후 가입했고, 10년을 기준으로 삼았다.

노후대책통장이라고 해서 꼭 60세 이후에만 쓰는 상품이라고 생각할 필요는 없다. 나처럼 인생 2막을 준비하는 과정이나 결혼 후 육아 문제로 휴직하는 등 월 고정수입이 사라질 때를 대비해서 가입해도 좋다.

넷, 건강보험통장

실손의료보험 : 실병의 보싱 범위의 혜택 및 갱신시 주기와 변동액 확인
건강보험 : 실비보험 보장 외 중대 질병에 대한 대책 마련

건강보험은 너무나 감사하게도 부모님이 미리 가입해놓으셨다. 부모님은 없는 살림살이에도 나와 남동생의 건강 대비책으로 일찌감치 건강보험상품에 가입해 꾸준히 불입하고 계셨고, 그 보험을 우리에게 주셨다. 나 역시 언젠가 태어날 아이를 위해 건강보험을 준비해놓으려 한다.

이미 가입된 건강보험상품이 있었기에 나는 '죽음과 건강 대책용' 보험상품에는 따로 가입할 필요가 없다고 판단했다. 대신 보상 범위에 자잘한 질병이나 내/외과 통원 치료에 대한 항목이 없어서 그 대비책으로 실손의료보험을 선택했다.

엄마는 건강 체질이 아니어서 병원 출입이 잦았는데, 실손의료보험이 나오자마자 바로 가입하셨고 지금도 그 혜택을 잘 받고 계신다.

부모님의 경험 덕분에 나 역시 직장인이 되자마자 바로 실비보험에 가입했다.

하지만 보험에 많은 돈을 투자하기에는 우리의 월급이 그다지 넉넉지 않다. 전문가들은 통상 적절한 보험 가입 금액을 월수입의 10퍼센트라 한다. 그래서 나 역시 내 월급의 10퍼센트만 보험 불입액으로 정해놓고 연금저축과 건강보험료를 제하고 나머지 금액을 실손의료보험 불입액으로 결정했다.

보험상품에 가입할 때, 나는 중요한 약관이나 특약 사항은 사전 그리고 사후에도 수시로 살펴본다. 왜냐하면 보험이란 가입할 때보다 혜택을 봐야 하는 순간이 더 중요하기 때문이다. 그래서 보험과 관련해서는 가입 이후 보험금을 받을 때 얼마나 용이한지, 그 방법은 무엇이며 혜택을 받을 수 없는 범위는 어디까지인지에 대해 스스로 검토하고 정리해나갔다.

10억 원을 향한 새로운 항해를 시작하다

나의 '1억 원 모으기'라는 목표를 위한 첫 번째 항해의 목적지는 1,000만 원이었다. 당시 이자가 6.5퍼센트였던 세금우대통장(지금은 꿈도 못 꿀 이자였고, 이자에 대한 소득세는 9.5퍼센트만 제하는 상품이었다)에 월 83만 원씩 1년간 불입해서 모은 돈은 1,027만 7,361원이었다.

나는 그 돈을 다시 예금에 넣어두고 새로운 적금을 시작했다. 통상 동일한 금액을 같은 금리의 적금으로 불입하는 것보다는 예금으로 관리하는 것이 더 효율적이다. 이는 돈과 시간의 상관관계, 원금의 단리와 복리의 법칙을 몸소 깨달으며 발견한 사실이다.

1억 원이라는 금액이 통장에 찍히는 순간, 가슴이 벅차서 눈물이 멈추지 않았다. 기쁘기도 했지만 20대의 평범한 직장인이 1억 원을 모으는 동안 누리지 못하고 악착같이 살아온 지난 시간이 스쳐지나갔기 때문이다. 하지만 모든 희생에는 그만큼의 대가가 주어지듯, 나는 소소한 눈앞의 유혹을 뿌리친 덕분에 1억 원과 함께 더 값진 '습관'을 얻게 되었다. 불모지 같은 개척되지 않은 땅에 씨를 뿌리고 풍요롭게 만드는 법을 저축과 지출관리의 습관으로 체득한 것이다.

1억 원을 모은 이후에도 나는 멈추지 않고 달려나가고 있다.

다음 목표는 '빚 없는 순자산 10억 원'이다. 아마 1억 원을 모을 때보다 더 길고 혹독한 항해가 될지도 모른다. 하지만 1억 원이란 돈이 결혼과 집 장만의 꿈을 이루어주었듯이 10억 원이라는 돈 역시 또 다른 꿈을 위한 날개가 되어줄 것이다. 나는 1억 원을 모으는 과정보다 10배나 커진 관리의 스케일, 돈과 삶에 대한 진지한 마음가짐으로 새로운 항해를 이미 시작했다.

거꾸로 가계부를 쓰면
좋은 신랑감을 만날 수 있다

○

부자되는 결혼이란,
부자가 될 상대를 찾는 것이 아니라
부자가 될 상대가 되는 것이다.
_《결혼과 동시에 부자되는 커플리치》중

평생 동반자가 될 사람이니 이왕이면 돈 많고 잘 생긴 남자와 결혼하고 싶은 건 당연지사다. 나도 한때 드라마에 열광하면서 백마 타고 시속 100킬로미터로 질주해오는 남자를 꿈꿨으니까. 그러나 가계부를 본격적으로 쓰기 시작한 대학생 시절, 아르바이트와 장학금을 받아가며 학업에 전념하면서 나는 차라리 내가 '백마 탄 여자'가 되는 편이 더 빠르겠다고 생각했다. 연애를 시작하면서부터는 더더욱 환상에서 벗어났다. 나는 언젠가 아내가 된 내 모습과 남편이 될 남자를 구체적으로 그려나갔다. 그리고 어느덧 그를 만나 보라카이의 투명한 바다와 화이트 비치, 그리고 저물어가는 석양 아래서 우리 부부의 미래일기를 쓰게 되었다.

그렇게 달콤한 신혼여행이 끝나고 우리는 결혼생활이라는 현실의 무대에 서게 되었다.

결혼 전, '돈 수다'를 통한 가상 결혼식 올리기

'어떻게 해야 내 남자가 나를 속물로 보지 않을까. 그래도 이 사람이 얼마나 빚을 지고 있는지는 알아야 할 텐데……. 월급이나 지출은 어떻게 관리하고 있을까?'

결혼하기 전에 서로의 수입과 지출 패턴에 대해서 유리지갑 속을 들여다보듯 낱낱이 파악하기는 어렵다. 사실 돈에 대한 이야기는 결혼한 후에도 꺼내기가 쉽지 않다. 하물며 아직 결혼하지도 않은, 언제 님이 아닌 남으로 헤어질지 모르는 남녀가 돈 수다를 떠는 것은 불가능에 가깝다. 하지만 나는 결혼 준비를 해나가는 과정에서 반드시 돈 수다를 떨어야 한다고 생각했다. 그래서 나름의 노하우로 돈 수다를 진행해나갔다.

나처럼 부모님의 반대를 무릅쓰고 결혼한 경우라면 불같이 타오른 사랑이 결혼 후 돈 때문에 금세 시들어버리는 최악의 상황에 이르지 않도록 더욱 노력해야 한다. 혹시 돈에 관한 대화를 꺼내면 내 남자가, 내 여자가 나를 자칫 속물로 볼까봐 조심스러울 수도 있다. 하지만 진심으로 내 사람이라고 생각한다면 이런 돈 수다는 서로의 삶에 더 깊이 공감할 수 있는 최적의 대화 소재가 될 수도 있으니 피하지 말자.

우리 부부는 사내 커플로 만났다. 당시 우리가 커플임이 밝혀지자 회사 사람들 모두 깜짝 놀랐다. 남편이 무려 열한 살이나 많은 노총각 차장님이었기 때문이다. 그런 그가 내 인생의 동반자가 되었다. 훗날 나에게 반한 '포인트'가 무엇이었는지 물었더니, 자신의 일을 좋아하는 순수한 모습이 보기 좋았다고 했다. 게다가 커피 한 잔 사주겠다고 했을 때 자판기 음료수라도 좋다면서 웃는 모습이 참 예뻤단다. 그렇게 썸을 타면서 연애를 시작하게 되었고 나의 남편은 내가 좋아하는 빵을 손수 만들어 와서 프러포즈했다. 우리는 서로의 가치관에 매력을 느꼈고, 그것이 서로를 끌어당겨 부부의 인연으로 맺어진 것이다.

남편은 내가 자신이 알고 있던 내 또래 여자들과는 달리 경제관념과 생활관이 어른스럽고, 특히 배려심이 남달라서 매력을 느꼈다고 했다.

나만의 '돈 수다' 실전 노하우

"어떻게 이런 일이 다 있니? 우리 아버지 수술비 마련하느라 남동생이 결혼자금으로 쓸 적금을 홀랑 깨서 보태고, 나는 남편

눈치가 보여 겨우 200만 원을 보태면서도 미안해했는데…… 자기는 결혼하기 전부터 꿍쳐놓은 비자금으로 대학원에 간다는 여동생 입학금을 냈더라. 어제 시누이가 전화해서 고맙다고 하는데 눈이 다 뒤집히더라니까."

언니가 없어 평소 친언니처럼 여기던 선배언니는 병원 복도에서 눈물을 쏟으며 하소연을 했다. 만일 내가 결혼 전이었다면 그럴 수도 있는 일인데 뭐 저렇게까지 울며불며 괘씸해할 일인가 갸우뚱 했을 것이다. 하지만 결혼을 해보니 누구보다 언니의 심정이 이해되었고, 나는 공감의 눈물을 흘렸다.

물음표에서 느낌표로 변해가는 사람과 결혼을 해도, 부부가 되면 느낌표가 다시 물음표로 바뀌는 상황이 종종 벌어진다. 그깟 돈 때문에 말이다. 내가 몰랐던 남편의 비자금을 발견하거나, 아내가 과도한 욕심으로 노후대책도 없이 자녀교육에 지나치게 투자할 때처럼 돈이 연루된 가치관의 차이는 결혼생활의 장애물이 된다. 거기에 걸려 넘어지지 않으려면 일찌감치 돈 수다로 돈에 관한 서로의 가치관과 습관을 공유해야 한다. 돈 수다는 더 오래 행복하기 위한 최고의 처방전이다. 돈 수다를 위한 나만의 대화법이 몇 가지 있다.

첫째, 솔직해지자. 왜 돈 이야기가 필요한지 그 이유부터 솔직하게 말해야 한다. 뻔히 수가 보이는 대화법은 좋지 않다. 상대가 엉뚱한 착각을 하고 오히려 반감을 가질 수도 있다. 무엇보다 돈 이야기를 꺼내는 게 진심으로 통하기 위해서는 그와 그녀의 돈을 내 돈처럼 아껴주는 배려가 우선되어야 한다.

둘째, 심각하게 말하지 말자. 결혼 전에 결혼 자금은 얼마나 모았느냐, 집은 전세로 시작할 거냐 말 거냐 등 상대방이 미처 준비하고 있지 않은 것들을 꼬치꼬치 따져 물으면 대화는 심각해질 수밖에 없다. 내 주변에도 결혼 준비를 하다가 남이 된 커플이 있다. 그건 돈 수다가 아니라 돈 트러블일 뿐이다.

셋째, 내가 먼저 말하자. "나, 사실 1억 원 모은 여자야. 호호. 혹시 자기 빚 있으면 말해. 내가 도와줄게. 우리 이제 결혼하면 통장도 합쳐야 할 텐데 미리 알아두면 결혼 준비할 때 도움이 되잖아?" 나는 결혼 전에 남편에게 나의 재정 상황을 먼저 솔직하게 이야기했다. 자연히 남편도 오해를 하는 대신 공감했고, 차근차근 자신의 이야기를 털어놨다. 물론 소정의 빚을 져야 한다는 사실도 그때 알게 되었다.

넷째, 돈에 대한 내 사람의 생각부터 알자. "한 달에 용돈은 얼마나 써요? 우와, 의외로 알뜰하게 쓰네. 어머, 신용카드 대신 체크카드 쓰는 구나. 기특한 당신!" 나는 돈 수다를 떨기 전에 '돈'을 바라보는 내 남자의 자세, 그리고 지출 패턴을 눈여겨 살펴봤다. 대화를 하고 함께 돈을 쓰다보면 그의 소소한 행동과 말투 속에서 가치관을 엿볼 수 있다. 하다못해 용돈관리, 집 대출금에 관한 대화를 나누다보면 어떤 경제적 마인드를 갖고 있는지, 절약과 저축 습관이 있는 사람인지 아닌지도 은연중에 알아챌 수 있다. 그걸 잘 파악해서 현명하게 돈을 쓸 줄 아는 사람을 만나면, 결혼 후 최소한 돈 때문에 서로 마음이 상할 일은 없을 것이다.

돈 트러블, 우리에게 재무 버킷리스트가 필요해

"이제 둘이 같이 돈을 버니까, 그동안 내가 드렸던 것보다는 부모님 용돈을 좀더 드려야 하지 않겠어?"

"생신이나 가정의 달도 있고, 제사도 거의 매달 있는데, 그때마다 따로 드리는 비용이 있잖아요. 그건 좀 무리라고 생각해요. 효도비용도 빚을 모두 갚기 전까지는 늘리지 않았으면 해요."

"빚도 잘 갚아나가고 있고 지금까지 충분히 줄이며 살아왔어."

"내 말은 그게 아니잖아요. 쓸 거 다 쓰고 언제 빚을 갚아요? 이럴 거면 빚을 지지 말았어야죠."

결혼 후, 내 마음을 제대로 알아주지 않는 나의 남자에게 서운해서 수도 없이 울었다. 돈에 관한 이야기는 어떤 관계든 어떤 상황에서든 결코 쉽지 않은 일임을 다시 한 번 절감했다. 그래도 신혼 초에 끊임없이 대화를 하려고 노력했다. 피한다고 될 문제가 아니고 피할수록 속은 더 썩는다고 생각했기 때문이다. 고름이 생기면 터뜨려서라도 새 살이 돋게 할 마음으로 노력했다. 그럼에도 우리의 '돈 트러블'은 끊이지 않았다.

'도대체 왜 이렇게 고집이 쎈 걸까? 대출금을 갚아야 마음 편하게 목돈 마련도 하는데, 잘 살려고 잠시 절약하자는 건데 남편은 왜 이렇게 내 마음을 몰라줄까?'

'신혼인데 주말에는 외식도 좀 하고 여행도 다녀야지. 둘이 버니까 부모님께 용돈도 더 후하게 드리고 자주 찾아뵈면 좋을 텐데, 그게 그렇게 힘든 일일까?'

좀처럼 해소되지 않는 우리 부부의 돈 트러블은 급기야 몇 번의 싸움으로 번지기도 했고, 신혼 초 적잖이 마음고생을 했다. 지금이야 서로 이해하고 양보하려고 애쓰고 있지만 말이다.

물론 이런 해피엔딩은 거저 오지 않았다. 돈 트러블로 마음고생만 하다가는 도저히 못살 것 같아서, 이 문제를 어떻게 하면 해결할 수 있을지 굉장히 많은 고민을 했다. 그러던 중 우리 둘의 가장 행복했던 순간인 신혼여행지를 떠올리게 되었다. 그리고 문득 거기서 작성했던 둘의 버킷리스트를 재무 버전으로 만들어 보여주면 내 마음을 이해할 수 있을지도 모르겠다는 생각이 들었다. 물론 처음에는 쉽지 않았다. 하지만 서로 눈치 보지 않고 '만약 5억 원이 있으면 무슨 일을 하고 싶은지 우선순위를 정해서 적고 서로에게 읽어주기'로 했다. 단, 절대 서로 비난하거나 끼어들지 않기로 약속하고 말이다.

나의 버킷리스트

1. 양가 부모님과 은행에서 빌린 돈 모두 갚기

2. 남편 퇴직 대비 사업 관련 종잣돈 마련

   (제주도 게스트하우스 또는 인테리어 사업)

3. 내 가게 창업을 위한 종잣돈 마련

4. 아이 양육비 저축

5. 내가 설계한 제2의 단독주택 짓기

6. 부부 리마인드 격주년 해외여행

남편의 버킷리스트

1. 빚 갚기

2. 양가 부모님 효도여행

3. 부부 세계일주여행

4. 아내 가게 차려주기

5. 지하 및 옥상 조경공사 마무리 후 파티

우리는 이 재무 버킷리스트를 읽어주면서 서로의 진심을 알게 되었다. 내가 남편에게 느꼈던 서운함은 기우였고, 그 또한 나의 돈 걱정이 자신의 건강과 은퇴까지 생각하는 마음에서 비롯된 것임을 알게 되었다. 그러자 우리는 오해의 장막을 걷어낼 수 있었고, 서로가 진정 원하는 걸 찾아가는 느낌이 들었다.

함께 걸어가는 법

결혼하기 전까지 서로 다른 인생을 살아왔기 때문에 돈에 대한 생각도 다를 수밖에 없다고 인정하지만 막상 그 차이로 갈등을 겪게 되면 힘들게 마련이다. 소득의 변화가 생기거나 돈에 대한 가치관이 서로 다름을 알아차렸을 때는 적잖은 스트레스를 받고, 잦은 다툼으로 서로에게 상처를 남기기도 한다.

그래서 나는 한 가정의 재무관리와 지출에 관해서는 관리를 좀더 잘 해나갈 수 있고 돈의 흐름을 잘 파악할 수 있는 사람이 맡는 것이 좋다고 생각했다. 그래서 당시 버킷리스트를 남편과 공유하며, 미혼 시절 1억 원 모으기를 할 때의 가계부도 보여주었다. 내가 더 꼼꼼하게 관리해나갈 수 있다는 자신감을 피력했고, 나를 신뢰한 그는 우리집의 재무주치의로 나를 임명해주었다.

"나도 나름 저축해서 지금까지 열심히 살아온 남자지만, 이제는 둘이 벌고 둘이 써야 하니 꼼꼼한 혜원이가 관리해보자."

"맡겨줘서 고마워요. 내 미혼 시절 가계부를 봤으니, 한번 믿어봐요. 자신 있어!"

지금도 가끔 너무 절약한다고 남편이 잔소리를 해대는 바람에 서운할 때가 있지만, 그래도 나를 믿어주는 마음이 느껴질 때는 비로소 세상에 하나뿐인 내 편 같아서 그저 고마울 따름이다.

거꾸로 가계부는 돈만 모으게 하는 재테크 수단이 아니다
든든하게 지켜주고 채워주는 자산운용 비서다

30대, 월세 받는 집을 갖게 해주는 거꾸로 가계부
"한 달에 두 번 월급 받으며 살고 싶다면?"

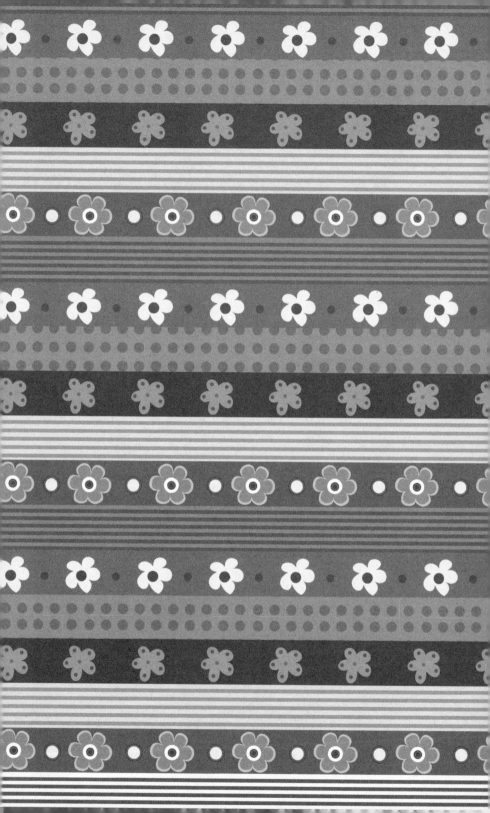

거꾸로 가계부를 쓰면
진짜 어른이 된다

현명한 자는 소유가 아닌
존재의 프레임을 가지려고 노력한다.
《프레임》 중에서

첫 월급이 선명히 찍힌 통장을 펼쳐보던 그날을 절대 잊을 수 없다. 뛸 듯이 기뻤고, 이제야 진정한 어른이 된 것 같은 뿌듯함도 들었다. 그런데 가계부를 쓰면서 알게 된 것이 있다. 진짜 어른은 돈 버는 능력뿐 아니라 관리하는 능력 그리고 필요한 곳에 적절히 쓸 수 있는 능력까지 갖춰야 한다는 것을 말이다.

아무리 돈을 많이 벌어도 관리를 못하면, '밑 빠진 독에 물 붓는' 격이 되고 만다. 사회 초년생 시절에 정한 목표를 바탕으로 수입을 관리하고, 목표를 달성해내기 위해 내가 선택한 첫 번째 방법은 지출의 절제였다. '1억 원 모으기'라는 내 꿈을 향해 스스로 선택한 길이었다. 가계부도 그 목표에 맞춰 변신시켰다.

진짜 어른이 되고픈 어느 직딩의 가계부 성인식

직장인의 가계부는 대학생의 가계부와 달리 '고정 수입'이 생긴다. 그러므로 수입 관리를 상세히 하는 게 재테크의 전부라고 해도 과언이 아니다. 내 직딩 버전 가계부의 최대 고민거리는 수입을 어떻게 쪼개서 저축과 지출로 나눌 것인가 하는 점이었다.

대학생 시절 가계부 주요 항목

월수입 – 순저축 = 사용 가능한 용돈

- 월수입 : 아르바이트 변동수입
- 순저축 : 수시입출금통장 활용
- 용돈 : 통학 교통비, 식비, 문화비, 꾸밈비

직장인 시절 가계부 주요 항목

월수입 – 순저축(고정저축 + 변동저축) – 고정지출
= 사용 가능 변동지출

- 월수입 : 고정월급 + 변동수입(월급 외 수당, 통/번역 등 외국어 활용 아르바이트 등)
- 순저축 : 고정저축(1년 만기 정기적금, 연금저축, 펀드) + 변동저축(비상금, CMA)
- 고정지출 : 소모성 실비/건강보험료 불입비용, 교통비, 부모

님 용돈

• 사용 가능 변동지출 : 통신비, 식비, 문화비, 기타 투자비 등

이때도 반드시 준비 운동은 필요하다. 자신의 현실부터 제대로 파악하고 중간 중간에 잠시 멈춰 서서 재정비하는 시간을 가져야 한다. 직장인이 되고 난 후 나는 가계부를 대하는 마음가짐도 새롭게 하고 몇 가지 규칙도 마련했다.

하나, 관리하기 쉬워야 한다

가계부를 쓰는 사람은 바로 '나'다. 내가 기록하고 관리하기 편해야 그 가계부는 제 역할을 할 수 있다. 그러므로 너무 복잡하거나 단순한 숫자 나열에 그치게 돼서는 안 된다. 나에게 가계부란 단순한 '수입 - 지출 내역서'가 아닌 꿈을 이루어주는 일종의 도우미였다. 이제 가계부를 써야겠다고 마음을 먹었다면 수기로 쓰는 노트든, 엑셀로 만든 전자 파일 형식이든 본인의 목적에 맞게 매일 관리하기 쉬운 방법을 택해보자. 그래야 꾸준히 관리할 수 있다.

둘, 꾸준히 쓰자

가계부는 밥이다. 매일 끼니를 챙기듯 꾸준히 관리해야 한다. 그래야만 내가 가진 자산과 더불어 수입이 지속적으로 모여 불어날 수 있다. 월 수입과 지출이 어떻게 흘러가는지 그 흐름을

파악하는 것도 꾸준한 기록이 있어야 가능하다. 쓰다 말다를 반복하면 그 숫자는 더 이상 의미가 없다. '느려도 꾸준히 하면 경주에서 이긴다 Slow and steady wins the race'는 속담도 있지 않은가. 이는 돈을 다루는 가계부에서도 절대적으로 통하는 법칙이다.

셋, 필요하다면 변해야 한다

나는 가계부가 '꿈을 향한 돈의 지도'라고 생각한다. 대학생 시절, 1,000만 원 통장을 향한 나의 항해는 사회 초년병이 되어 월급이라는 거대한 파도를 타면서 변모했다. 결혼 후에는 두 사람의 월급에 담긴 새로운 꿈을 위해 항로 변경을 해야 했다. 인생의 주요한 이벤트 때문에 우리의 현실이 달라지듯, 순자산과 지출의 규모 등 숫자가 알려주는 의미와 방향도 변하게 마련이다. 그러므로 가계부도 변화해나가야 한다. 목적지가 바뀌었는데 언제까지나 같은 지도를 들여다보며 항해할 수는 없다.

넷, 가계부에 꿈을 담은 이름표를 붙이자

나의 가계부는 각각 이름이 있다. 김춘수 시인의 시 '꽃'처럼 가계부에도 이름을 붙여 불러주면 내 인생의 꽃이 된다. 내 가계부는 대학생 시절엔 아메리칸 드림을 위한 '1,000만 원 다이어리'라는 이름으로, 신입사원 때는 '미혼 직딩녀 1억 원 다이어리'라는 이름으로 불렀다. 그리고 새댁이 된 이후로는 '해피 리치 다이어리'라는 이름을 갖고 있다. 일기 쓰는 걸 습관화하다보니 가계부도 일기처럼 썼기 때문이다. 목표를 담은 가계부는 즐겁고 신나는 항해를 해나가는 데 필요한 지도와 나침반의 역할을 톡톡히 해내고 있다.

자신의 금융상품 선택에 책임질 줄 아는 진짜 어른

입사 후 고정 수입이 생기자마자 나는 금융상품에 가입했다. 상품 계약서에 사인을 하면서 진짜 어른이 된 것 같았다. 물론 부모님과 은행, 보험설계사의 도움을 받긴 했지만 적금·보험·기타 금융상품까지 최종 판단과 선택은 내가 했다. 대학생 시절 처음으로 은행에 가서 내 명의로 된 수시입출금통장을 마련하고, 가계부를 쓰면서 지출관리와 목표자산관리에 돌입한 것도 모두 내 선택에 의한 것이었다. 그랬기 때문에 꾸준한 관리가 가능했다.

첫 월급을 타기 전에는 월급통장 선택에 신중을 기했다. 사실 월급통장은 단순히 월급이 들어오는 통장이 아니다. 월급이 들어오기 때문에 내가 받을 수 있는 혜택 -가령 연계 은행의 저축상품에 가입했을 때 받을 수 있는 금리 혜택, 입출금시 수수료 전액 면제 등-이 달라지는 또 다른 재테크 수단이기 때문에 꼼꼼히 따져야 했다.

그 다음에 예적금 상품을 알아봤고, 이어서 내집 마련을 위한 종합청약저축통장과 노후를 대비한 연금저축상품에 대해 공부했다. 특히 연금상품이나 보험상품을 선택할 때는 무엇보다도 그것이 필요한 '이유'와 '투자했을 때 얻을 수 있는 목표'를 선택의 기준으로 삼았다. 투자의 목표가 없으면 그 결과도 그다지 신통치 않을 것이라는 나름의 신조가 있었기 때문이다. 얼마나 꼼꼼하게 따져보았느냐 하면, 보험설계사나 금융상품 판매인에게 내가 가입한 상품명이 왜 이런 이름으로 출시되었는지까지 물어봤을 정도다. 그 외에 보험상품은 불입액이나 납입기간뿐 아니라 '보험금을 타야 하는 시기'가 왔을 때 얼마나 쉽게 제대로 탈 수 있는지를 중점적으로 확인했다.

금융상품을 선택할 때도 나만의 기준이 있었다. 우선 그 상품의 성격이 나의 목표와 잘 맞는지부터 파악했다. 그 다음은 적절한 불입금액 설정과 혜택 순으로 따졌다. 물론 혼자서 다 해나간 것은 아니다. 부모님의 현명한 조언과 충고, 그리고 경제 재테크 서적들과 각종 커뮤니티의 생생한 정보의 도움도 받았다. 그런 과정을 통해 내게 잘 맞는 상품을 선택하는 안목을 길렀고, 진짜 어른이 되기 위해 부단히 훈련했으며 지금도 하고 있다.

'삶은 최소한의 후회를 남기기 위한 자신과의 싸움이다.' 나는 이 말을 나의 재테크 좌우명으로도 삼고 있다. 적금이든 주식 투자든 후회 없는 결정을 위해 늘 이 말을 되새긴다.

직장인이 된 후 나의 가계부

1억 원 꿈을 향한 통장 분배

목적	방법	납입기간	관련 금융상품	성격	시기별
내집 마련	적금/예금 종합청약저축	1년	세금우대통장 (주택종합청약저축)	저축성	단기
결혼자금	적금/예금	1년	세금우대통장	저축성	단기
	국내적립식 펀드	3년	세금우대 국내펀드	저축성	중기
노후대책	연금저축 (보험)	10년 납	연금저축	보험 (만기환급)	장기
건강대책	실비보험	10년 납	실비보험상품	보험(지출성, 100세 만기)	장기
	건강보험	20년 납	기존 건강보험	보험(지출성, 80세 만기)	장기

첫 월급을 위한 통장 분배

통장	월급 대비 비중	내용
정기적금	25%	연리 6.6% / 저축은행 세금우대 9.5% / 2011. 03 만기
	6%	연리 6.5% / 저축은행 세금우대 9.5% / 2011. 03 만기
	29%	연리 6.5% / 저축은행 일반과세 15.4% / 2010. 06 만기
연금저축	5%	노후 연금 혜택용 금융상품 / 2008. 03~2055. 03
펀드	12%	3년 국내 장기 주식형 펀드, 소득공제용 / 2009. 10 시작
보험	1%	건강보험, 연 4% / 환급 가능
	2%	실손의료비보험
총저축액	80%	

거꾸로 가계부를 쓰면
나도 금융 전문가가 된다

❀

적이 오지 않기를 바라지 말고
적이 올 때를 대비하라.
《손자병법》중

"여기 메뉴판 좀 주세요!"

재테크 초짜 시절 금융상품을 선택할 때 나는 이렇게 외치고
싶었다. 금융상품을 고를 때도 음식 메뉴판처럼 정보가 한눈에
쏙 들어오는 직관적인 메뉴판이 있어서 그것을 보고 선택하면 얼
마나 좋을까.

많은 이들이 음식을 고를 때는 주머니 사정과 취향에 맞는 메
뉴를 소신껏 선택하면서 금융상품을 고를 때는 우물쭈물하기
일쑤다. 나 역시 처음 펀드를 고를 때 금융회사 직원에게 "뭐가
좋아요?"라는 바보 같은 질문을 했다. 무의식적인 실수이긴 하
지만 순진한 말 한 마디가 원치 않는 결과를 가져올 수 있다. 자

칫하면 내 월급을 갉아먹는 빈 깡통과도 같은 미끼상품들에 걸려들 수도 있으니 조심해야 한다. 나도 그렇게 "뭐가 좋아요?"라고 묻고 추천받은 펀드가 있었다. 그리고 그 상품은 가장 비운의 금융상품이 되고 말았다.

세상에는 내 생각을 '유도'하는 금융상품들이 참 많다. 교묘하게 눈속임하는 광고와 이른바 전문가라는 사람들의 치밀한 유도 작전에 넘어가 그 어떤 의문도 품지 않고 가입하는 사람들이 태반이다. 그런 유도 작전에 당하지 않으려면 어떻게 해야 할까? 스스로 꾸준히 공부하는 수밖에 없다.

목표에 따른 나만의 금융상품 레시피 만들기

나는 예적금상품에 가입할 때도 긴장을 늦추지 않는다. 그런데 주변 사람들 중에 한 끼 먹을 음식을 고를 때보다도 더 대충 금융상품을 선택하는 이들이 있다. 음식은 잘못 나오면 물릴 수도 있고, 선택이 잘못되었다 해도 한 끼 식사를 망치면 그뿐이다. 하지만 금융상품을 잘못 고르면 가계부가 풍비박산 나고 인생의 중대한 계획들에 차질이 올 수도 있다.

처음으로 금융상품을 선택할 때 멋모르고 창구 직원이 추천해준 펀드에 가입했거나 자세히 알아보지도 않고 당시 유행하는 변액보험에 덜컥 가입한 사람들은 대부분 다음과 같은 상황을 겪었을 것이다. 몇 년이 지나 갑자기 결혼을 하거나 유학을 가게 되어 자금을 정리하다보니 펀드는 원금에서 20퍼센트 넘는 손실이 났고, 변액보험은 해지하면 원금에 훨씬 못 미치는 금액을 환급받게 되어 결국 엄청난 손실을 대출로 때워야 하는 상황 말이다. 이런 경우 금융상품은 월급을 축낸 도둑이나 다름없게 된다.

적금, 예금, 펀드와 주식, 각종 보험이나 연금저축……. 그 이름도 다양하게 끝없이 쏟아지는 금융상품 속에서 나쁜 미끼상품들의 눈속임에 넘어가지 않으려면 어떻게 해야 할까?

우선 인생 플랜에 따른 재무 목표가 분명해야 한다. 그러면 섣부른 유도에 넘어가지 않는다. 또 본인이 먼저 상품을 제대로 이해하고 나서 전문가의 상담을 받아야 한다. 나는 똑똑한 질문을 하기 위해 사전에 꼼꼼히 예습하고, 내 인생을 맛있게 해줄 나만의 금융상품 레시피를 만들기 위해 노력하고 있다. 인터넷에서 유명한 셰프의 레시피를 발견했다고 해도 본인이 직접 요리해보면서 나만의 레시피로 만들어두지 않으면 아무런 소용이 없지 않은가. 이처럼 음식에만 나만의 레시피가 필요한 게 아니다. 금융상품을 결정할 때도 나만의 방식과 원칙을 만들기 위해 연구해야 한다.

경제신문과 재테크 사이트, 책에서 얻는 각종 정보와 재테크

커뮤니티에서 읽은 다른 사람들의 경험담도 잘 정리해서 나만의 레시피를 만드는 데 참고하고 있다. 특히 나는 일반인들의 재테크 경험담에 관심이 많은데 거기서 전문가들이 해주는 조언보다 더 큰 도움을 얻곤 한다. 행복하기 위해 가입한 금융상품 때문에 더 불행해진 사람들 혹은 뚜렷한 목표와 그에 맞는 최적의 상품설계로 꿈을 이룬 사람들의 이야기는 모두 나만의 레시피를 만들기 위한 최고의 레퍼런스다.

새댁의 맛있는 금융 레시피

수많은 재테크 경험담을 듣고 재무설계 관련 문의글과 답변을 읽으면서, 금융상품을 정확히 이해하고 사후 관리를 해야 하는 책임은 바로 나 자신에게 있다는 걸 깨달았다. 그래서 열심히 공부했고 나만의 상품 사용 규칙, 즉 레시피를 만들어가고 있다.

최고 금리 상품 똑똑하게 찾기

내가 종잣돈을 모으는 방법으로 선택한 건 적금이다. 어찌 보면 금융상품 중에서 가장 시시한 걸 고른 것처럼 보일 수도 있다. 하지만 안심하고 종잣돈을 모으는 데 이만한 상품은 없다. 특히 재테크에 막 눈을 뜨기 시작한 사람이라면 더욱 적금을 추천한다. 안정적인 방법으로 돈을 모으는 동안 재테크 공부를 열심히 해서, 종잣돈이 만들어지면 보다 효율적으로 투자할 수 있다.

거기서 거기일 것 같은 적금도 잘 알아보고 똑똑하게 가입해야 한다. 우선 최대한 금리가 높은 상품을 찾아야 하는데, 이때 기본 금리 외에 각 은행의 상품별 '우대 금리'를 살피는 데 주력해야 한다. 이 우대 금리를 잘 살펴보면 최대한 내 상황에 맞게 높은 금리를 세팅할 수 있다.

내가 가입한 적금 중 우대 금리가 매력적이었던 상품은 우리은행의 '매직 7' 적금 통장이었다. 지금은 없어졌지만 당시 신용카드 사용금액에 따라 기본 4퍼센트 이율에 추가로 특정 조건에 해당하는 경우, 최대 금리 3퍼센트의 이율을 더 주는 상품이었다. 마침 남편이 거래 은행을 바꿔야 했고 신용카드도 새로 만들어야 해서 조건에 딱 부합했다. 적금 불입 기간이 3년이라 꽤 길었지만 훗날 출산과 육아에 필요한 종잣돈 혹은 창업 자금 마련을 위한 '중기 종잣돈' 명목으로 가입했다.

물론 은행은 얄밉게도 갖가지 제약 조건을 내걸었다. 그럼에도 불구하고 내 상황에서는 감수할 만했다. 우리 부부의 첫 금융상품은 이제 만기가 얼마 남지 않았다. 또 이미 고금리를 받을 수 있는 조건은 달성해서 해당 은행의 신용카드는 사용을 중지하고 대신 체크카드를 사용하고 있다.

주로 은행의 예적금을 이용하는 나는 수시로 금리 상황을 체크한다. '전국은행연합회'를 통해 모든 은행의 금리를 비교한 뒤 가입하고 있다. 하지만 금융상품에 최종 사인을 하기 전에는 반드시 해당 은행에 찾아가서 상품의 가입 및 불입 조건 그리고 약정 금리를 다시 한 번 파악한다. 그러고 나서 가계부에 해당 항목을 상세하게 기록해둔다. 가입과 동시에 불입이 끝났을 때 실제 이자 수익은 얼마인지 미리 인터넷상의 금리 계산기로 역계산한 후 적어둔다. 이러면 미래 어느 시점에 얼마만큼의 자산이 확보되는지 한 눈에 알아볼 수 있기 때문에 우리 가계의 자산과 부채 흐름을 머릿속에 좀더 정확히 그릴 수 있다.

한 가지 주의해야 할 점은 예적금 금리의 경우 가입 기간이 길수록 금리가 높아지는데, 금융회사에서는 주로 이런 최고 금리 상품을 대표 상품으로 제시한다는 점이다. 그래서 3년 만기시의 적금 금리를 1년 만기의 금리로 착각하고 숫자만 보고 혹해서 가입하는 경우도 상당히 많다. 그래서 나는 예적금 불입 기준을 1년으로 정해놓고 그때 적용되는 금리가 얼마인지에 주목한다.

세금 똑똑하게 내면서 혜택 누리기

나는 세금우대가 되는 금융 및 저축상품을 선호한다. 종잣돈을 더욱 불려줄 든든한 무기인 이 세금우대상품은 금융소득에 대한 이자배당소득의 세금(15.4퍼센트)을 우대해주는 상품이다. 만약 만기된 적금 1,000만 원을 다시 3퍼센트 이율의 예금에 가입했다면 실제 이자율은 약 2.54퍼센트 정도에 지나지 않는다. 종잣돈을 모으기 위해 수익률이 낮더라도 안전한 적금에 투자하고 있는데 세금까지 내야 하다니 억울한 생각이 들게 마련이다. 그래서 내게는 세금을 줄여주는 상품에 가입하는 것이 단순하면서도 중요한 재테크 비법 중 하나가 되었다.

주로 새마을금고와 농협, 신협 등의 각종 세금우대저축과 세금우대종합저축을 이용하는 편인데 이 은행들은 일반 은행과는 달리 지역 조합원 및 구성에 따라 금리가 약간씩 다르다. 나는 첫 월급통장과 함께 불입을 결정한 새마을금고의 적금 덕분에 세제 혜택 상품이 각 금융기관을 통틀어서 만 20세 이상 가입이 가능하고, 상품의 종류도 단일 품목이 아니라 꽤 여러 가지임을 알게 되었다. 특히 신협이나 새마을금고의 세금우대저축의 묘미는 조합원 가입비용(조합원 가입비는 1만 원에서 3만 원으로 천차만별이니 전화로 미리 지역별 가입비용을 확인해야 한다)을 내면 해당 이자의 소득세가 면제되고 농특세 1.4퍼센트만 내면 되는 혜택도 톡톡히 누릴 수 있다는 점이다.

또한 세금우대저축에 가입한 상태에서 세금우대종합저축에도 가입할 수 있는데, 이 또한 이자소득세 9퍼센트, 농특세 0.5퍼센트를 합쳐서 원금의 이자 발생 금액에 대해서 9.5퍼센트의 세금만 떼는 상품이다. 이는 전 금융기관 합산 1,000만 원 한도이며 만약 내가 60세 이상이 된다면 이 세금우대상품으로

연 3,000만 원까지 가입할 수 있다. 그런데 이 세금우대상품은 2015년이 되면 없어질 것이라고 하니 세금 혜택을 보는 건 점점 더 어려워지고 있다.

이런 금융기관을 이용할 때는 유의할 점이 있다. 경영의 안전성을 담보하는 자기자본비율-BIS, Bank for International Settlements과 예금자 보호한도를 확인해야 한다. 자기자본비율은 8퍼센트가 넘는지 확인해야 하는데 이 비율보다 높을수록 좋다. 예금자 보호한도는 1인당 원금과 이자를 합해 5,000만 원 이하로, 그 금액에 한해서는 보호를 받을 수 있다.

펀드상품도 내 방식대로 활용하기

직장인들이라면 누구나 하나쯤은 갖고 있는 금융상품이 바로 펀드다. 나는 재테크를 막 시작했을 당시에는 펀드에 가입하지 않았다. 어느 정도 목돈의 여유가 생기고 난 후 투자를 결심하게 되었는데, 연말정산시 세제 혜택을 볼 수 있는 상품 중 하나였던 적립식 펀드에 솔깃해서 상품에 대한 개략적인 공부를 하고 나서 뒤늦게 가입했다.

보험상품만큼이나 지루한 상품 약관도 꼼꼼히 읽었으며, 전문가의 설명도 듣고 가입했지만 내 생애 첫 번째 펀드는 오점으로 남았다. 지금 그 상품은 코스피 지수가 올라가고 있음에도 불구하고 제로 수익률과 마이너스 수익률을 왔다 갔다 하고 있다.

그러나 이 경험 또한 지금은 소중한 자산이 되었다. 덕분에 최근에 나온 소장펀드나 신 연금펀드 같은 상품들도 새로운 시각으로 공부해나가고 있으며, 금융상품 가입에 더욱 신중을 기할 수 있게 되었다.

펀드상품은 수익률에만 집착해서 선택하면 안 된다. 이는 은행 예적금상품의 이자율과는 다르다. 중요한 건 내가 불입한 시점 이후의 수익률이다.

금융상품보다 나를 먼저 알자

금융상품을 선택할 때는 무턱대고 전문가의 조언부터 구해서는 안 된다. 내 성향을 제대로 이해한 후 어떤 상품이 나의 정신 건강, 경제 건강에 도움이 될지를 스스로 파악하고 상품을 선택해야 한다. 적을 알고 나를 알면 백전백승이라 했지만, 사실 나만 제대로 파악해도 승리할 수 있는 게임은 많다. 그중 하나가 바로 재테크다. 나는 대박의 수익률보다는 내가 예측해서 관리할 수 있으면서 마음 편한 투자를 선호하는 편이다. 어느 하나에 모든 것을 걸고 노심초사하면 맘 편히 두 다리 뻗고 잘 수 있는 성격이 아님을 스스로 잘 알기 때문이다.

요즘 같은 세상에 미련스러워 보이긴 해도 나의 목돈 마련법은 여전히 예적금과 절약이다. 그래야 나중에 여유 있게 투자할 수 있는 심적·물질적 물꼬가 트일 수 있다. 이렇게 나의 성향을 파악하면서 안정적으로 투자해왔지만 결혼을 하고 나서는 상황이 달라졌다.

통장 결혼식을 하면서 투자방식을 재세팅했다. 나와는 달리 남편은 주식형 펀드나 ELS 같은 다소 공격적인 투자를 선호하는 성향을 갖고 있었기 때문이다. 나의 첫 금융상품은 적금이었지만 남편의 첫 금융상품은 변액유니버셜보험이라는, 이름만큼이나 복잡한 보험상품이었다. 지인의 권유 때문에 반강제로 가입한 상품인데 결혼 후 목돈이 필요해 찬찬히 살펴보니 불입기간도 너무 길고(가입할 때 언제 써야 하는 투자상품인지 고민하지 않은 듯했다) 환급하면 손해를 보는 상황이었다. 어찌나 화가 나고 속이 상하던지…….

물론 신혼 초 대출금을 갚기 위한 목돈 마련 재테크는 반드시 원금을 지켜내야 했기에 내 의견을 전적으로 믿고 따라주었지만 결혼 전 금융상품 선택은 그렇지 않았다. 추후에 새로운 금융상품을 선택할 때는 남편과의 의견 조율이 필요할 듯싶었다. 나는 가계부를 다시 세팅해나가면서 결혼 후 우리 가계에서 원금이 보존되는 안전자산과 손실위험이 있더라도 기대수익이 다소 높은 투자자산을 얼마나 어떻게 배분할지에 대한 고민도 했다. 그리고 우리의 재무 목표를 정리하면서 목돈이 필요한 시기에 맞춘 금융상품 설계를 해나가고 있다.

수익 빵빵하고 손해볼 확률도 전혀 없는 금융상품이 세상에 있을까? 아마 없을 것이다. 모든 금융상품은 수익률에 비례해 원금을 손해볼 위험도 그만큼 커진다. 그렇기 때문에 신중히 골라서 잘 굴려야 내 돈을 지킬 수 있다. 금융상품에 투자하면 무조건 돈을 불릴 수 있다는 순진한 생각을 하는 사람은 이제 없다. 금리가 낮아지고 있어서 은행의 예적금 기능은 그저 돈을 안전하게 모으고 지키는 수준에 불과하다. 그러므로 더욱더 신중해야 한다.

우리집 재무 주치의는 재무설계 전문가도 금융 전문가도 아닌 바로 나 자신이다. 건강도 내가 지켜야 하듯 소중한 내 돈도 내가 지켜야 한다. 그러다보니 어느새 내겐 부자 DNA가 서서히 생겨나기 시작한 것 같다.

거꾸로 가계부를 쓰면
결혼과 동시에 돈을 벌 수 있다

❀

서둘러 결혼하면
천천히 후회한다.
_영국 속담

얼마 전 종영된 드라마 〈왕가네 식구들〉에서 막내딸이 결혼을 준비하는 과정을 보면 이제는 우리의 결혼 문화도 달라지고 있음을 실감하게 된다. 드라마 속의 예비 신랑과 신부는 부모님께 자신들의 자산 현황을 당당히 공개한다. 집은 언제 살 예정인지 계획을 밝히고, 목표한 대로 하기 위해 저축과 절약을 해야 할 필요성을 설명한다. 예단이나 혼수 등 두 사람에게 필요 없는 부분은 과감히 생략하고, 주례 없이 가족들만 초대해 레스토랑에서 식사하는 조촐한 결혼식을 하겠다고 선포한다.

물론 양가 부모님들은 탐탁지 않게 여기지만, 그 두 사람은 주변의 만류에도 흔들리지 않고 결국 그들이 원하는 행복한 결혼식을 올린다.

이를 비단 드라마에만 나오는 비현실적인 이야기로 치부하지는 말자. 요즘은 꼭 필요한 부분에만 돈과 시간을 쓰면서 내가 그랬듯이 '작은 결혼식'을 올리는 실속 커플들이 많아지고 있다.

30분짜리 결혼식에 2,000만 원을 쓰다니

대학생 시절 나는 예식장에서 피아노 반주 아르바이트를 했다. 그때 수많은 커플들의 결혼식 장면을 보면서 결혼식에 대해 조금 남다른 생각을 갖게 되었다. 결혼식장이 어디건 어떤 커플의 결혼이건 간에 대부분의 결혼식은 30분 정도면 끝이 났다. 심지어 거의 15분 만에 후다닥 끝난 결혼식도 있었다(물론 호텔 결혼식은 다르겠지만). 그렇게 짧고 천편일률적인 결혼식을 위해 저렇게 화려하고 비싼 드레스와 꽃장식, 더군다나 누가 제대로 볼까 싶은 식전 동영상과 포토 테이블까지······.

당시 결혼식장에 갈 때마다 불필요한 곳에 돈이 낭비되는 것을 보면서 안타까운 마음이 들었고 '저런 데 돈을 쓸 바에야 신혼여행에 보태거나 집을 마련하는 데 쓰는 게 차라리 낫겠다.'라는 생각을 자연스럽게 하게 되었다.

반주를 끝내고 식당에서 밥을 먹다보면 주변에서 담소를 나누는 하객들의 이야기를 듣게 되는데, 대부분 '음식이 맛있느냐 아니냐'가 그날 결혼식의 관건인 듯했다. 그런 경험을 했기 때문인지 나는 결혼식 자체는 소박하게 하되, 음식은 맛있고 정갈한 것으로 준비해 예를 갖춘 손님 대접을 하자는 생각을 했다. 즉, 보여주기 위한 결혼식은 더 이상 의미가 없다는 걸 그때 깨달은 것이다.

한국소비자원의 조사에 따르면, 결혼식과 신혼여행 등 혼례를 치르는 데에 드는 1인당 평균 비용이 약 2,600만 원이라고 한다. 30분 남짓 진행되는 결혼식에 이토록 많은 비용을 들여야 하다니 놀라울 따름이다. 그 외에 신혼집을 전세로 마련하고 혼수를 장만하는 데 드는 비용까지 합하면 무려 평균 1억 9,677만 원이 들어간다고 하니 결혼을 미루는 미혼 남녀가 늘어나는 것도 이해가 된다.

나는 남들과 똑같은 결혼식을 치르고 싶지 않았다. 그래서 결혼식을 준비할 때 남들이 다 하는 것이라도 내가 생각하기에 불필요하다고 생각되는 것들은 과감히 생략해나가기로 이미 마음먹고 있었다. 그것이 비록 결혼식에서는 작은 생략일 수 있지만, 결혼 후까지 생각하면 그 작은 돈들이 모여 제법 큰돈이 될 것이 분명했기 때문이다. 그렇게 나의 알뜰 결혼 프로젝트는 시작되었다.

결혼 전에 드는 비용도 다 '우리' 돈이다

어떻게 결혼을 해야 잘하는 것일까? 나는 결혼을 결심한 순간 두 사람이 서로의 재산을 공유하는 데 동의해야 하고, 결혼을 준비하는 과정도 둘이 함께 해나가야 한다고 생각했다. 즉, 집은 남자가 장만하고 혼수는 여자가 준비하고 신혼여행 비용은 반반씩 부담하는 식이 아니라, 모든 과정을 공유하면서 함께 준비해야 한다고 여겼다.

하지만 현실적인 여건은 쉽사리 따라주지 않았다. 결국 우리 커플도 남편이 집에 관한 대부분의 비용을 마련했고, 결혼비용의 90퍼센트는 내가 부담했다. 집을 마련하기 위해 대출을 받아야 하는 예비 신랑에게 결혼 준비 비용마저 부담 지울 수는 없었다. 그랬다면 그는 빚을 더 내거나 신용카드를 써야 했을 텐데, 그 빚과 카드 대금은 결국 결혼 후에 고스란히 우리의 짐으로 돌아오게 되어 있으니 말이다.

결혼은 살면서 단기간에 가장 많은 비용을 지출하는 이벤트다. 이 중요한 이벤트를 준비하는 과정에서도 나의 가계부 쓰기 노하우는 위력을 발휘했다. 우선 우리 커플만의 웨딩 전략을 세웠고, 그에 맞춘 결혼비용 지출을 위한 '웨딩 재무 다이어리'를 마련했다.

나는 결혼 준비와 동시에 웨딩 다이어리를 썼다. 엑셀로 '결혼 알뜰 예산안'이라는 파일을 만들어서 엑셀 탭에 아래와 같은 항목을 적고, 예상 지출비용과 실제 지출비용을 하나하나 비교하면서 준비해나갔다. 그리고 '웨딩 이력서'라는 파일을 만들어서 날짜별로 어떻게 준비해서 마무리했는지를 구체적으로 정리했다.

결혼 알뜰 예산안

항목	내용	총예산 (2천만 원) 대비 지출 비중
상견례	상견례에 지출되는 레스토랑 식비	1%
혼수	가전/가구/홈패션/부엌살림	44%
예단	현금/현물(한과, 떡 등) 예단 및 예단 포장비 등	23%
예물	커플링, 신부 보석 세트(신수)	5%
한복	신랑 신부 한복 대여비, 양가 부모님 한복비	0.5%
본식(사람)	드레스 대여, 메이크업, 부케, 교통비 등 일체 비용	2%
본식(웨딩홀)	홀 사용비, 식대, 폐백음식, 청첩장, 답례떡	4%
신혼여행	여행에 드는 일체 비용 (왕복 항공권, 숙박비, 커플의류, 환전, 양가 선물비)	20.5%

결혼 준비를 함에 있어서 다른 건 생략하거나 줄이는 쪽으로 하되, 신혼여행에는 제대로 투자하고 싶었다. 나는 소위 로케팅 Rocketing족이라고 해도 과언이 아니었다. 로케팅족은 전반적인 생활비는 아끼되 특정 분야나 물건에 대해서는 사치를 부리는 사람들을 일컫는데, 나 또한 일생에 한 번 있는 결혼을 준비하면서 한 가지만큼은 작은 사치를 부리고 싶었다.

결혼식 지출 목록의 예산을 미리 정하고 최대한 맞추어나가는 와중에도 둘이서 처음으로 같이 가는 해외여행이니만큼 신혼여행은 도를 지나치지 않는 선에서 풍요롭게 다녀오고 싶었다. 그렇다고 낭비를 했다는 의미는 아니다. 항공권과 숙소도 프로모션을 잘 활용해서 사전 예약을 해두는 등 최대한 절약 신공을 펼치면서 최소의 투자로 최대의 효과를 누릴 수 있는 방법을 택했다.

나는 여행사 패키지 상품을 이용하지 않았다. 항공티켓부터 숙박, 날짜별 일정과 어디에서 무엇을 먹을지까지 남편과 함께 고민했다. 마치 보라카이 투어 가이드라도 된 듯 모든 일정과 예약을 치밀하게 준비해나갔다. 결혼 준비를 하다보면 돈 문제 등으로 적지 않은 갈등을 겪게 되는데, 우리는 여행 준비를 하는 동안만큼은 행복한 신혼생활을 기대하며 한껏 들떠 있었다.

무조건 아끼고 절약해야겠다는 강박에 사로잡히면 누구라도 스트레스를 받게 마련이다. 내가 중요하게 생각하는 가치에 맞는 소비라면 한 가지 정도는 제대로 하면서 즐기는 것도 나쁘지 않다. 나는 결혼 준비를 하면서 그 한 가지를 신혼여행으로 정한 것이다.

나의 알뜰 결혼 게임 프로젝트

당시 남편은 집을 마련하는 데에 모든 자산을 쏟아부어야 했고, 거기에다 집을 짓는 데 필요한 공사비와 주택 구매시 드는 각종 부동산 세금도 내야 했기에, 그 외 결혼 준비는 내가 모은 돈으로 해나갔다. 내 총자산 1억 2,000만 원 중 집에 투자해야 하는 비용을 제외한 나머지 비용으로 모든 결혼 준비를 마쳐야 했다. 적잖은 스트레스를 받은 게 사실이지만 그럼에도 지혜를 발휘해 내가 정한 예산에 맞춰 알뜰살뜰 준비하는 과정에서 성취감을 느낄 수 있었다. 남편과 함께 주말마다 혼수와 예물을 보러 다니는 재미도 쏠쏠했다.

내 결혼 준비 예산은 2,000만 원이었다. 그리고 실제 그 안에서 모든 것을 해내는 데 성공했다. 2,000만 원도 안 되는 금액으로 결혼식 준비를 완료했다고 하면 믿지 못하는 사람도 있을 것이다. 더 적은 돈으로 알차게 결혼식을 치른 커플도 있을 테지만 나도 처음에는 과연 이 빠듯한 예산으로 해낼 수 있을까 불안하기도 했다. 하지만 불안감도 잠시, 이미 웨딩 게임은 시작되었고 내가 세운 몇 가지 규칙들을 즐기며 과감히 도전했고 이루어냈다.

하나, 내게 불필요한 게 뭔지 정해보자

스튜디오 촬영과 드레스 대여 및 메이크업 패키지 그리고 웨딩홀 사용에 드는 꽃장식 등은 거품 비용이라고 생각했다. 더군다나 여러 웨딩플래너와 상담하면서 그들의 마진 구조를 납득할 수가 없었다. 그래서 스튜디오 촬영과 미용숍의 원장에게 받는 메이크업, 유명 디자이너의 드레스라는 이름으로 패키지화된 상품을 과감하게 생략했다. 그것들은 나중에 내 손에 쥐어 있지도 않을 쓸데없는 것들에 불과했기 때문이다. 대신 웨딩 관련 컨설팅업체 중 좋은 인연이 닿은 곳을 통해서 상당히 저렴한 비용으로 드레스를 대여하고 메이크업도 받을 수 있었다.

둘, 비싼 물건일수록 신중하게 결정하자

혼수용품을 살 때는 각자가 갖고 있는 물품을 최대한 사용하기로 했다. 다만 가전제품과 가구는 새로 구입했는데, 이때에도 백화점과 마트, 각종 대리점 등을 돌아다니며 발품을 팔아 모은 정보를 인터넷 가격 비교 사이트를 통해 점검했다. 그렇다고 해서 뭐든지 싼 것만 고집하지는 않았다. 가격 대비 품질과 사후 고객 서비스가 얼마나 만족스러운지도 철저히 파악했다. 싸게 사는 것에만 집착하고 대충 샀다가 나중에 수리비가 더 들어가거나 새 제품으로 다시 사는 낭패를 겪을 수도 있기 때문이다.

셋, 예단과 예물은 생략 혹은 간소하게

시댁 부모님께 드리는 예단도 예의는 갖추되 소박하게 했다. 감사하게도 시부모님은 그런 나를 이해해주셨다. 예물 역시 평소에도 하고 다닐 수 있는 커플링과 내가 정말 갖고 싶어했던 진주 세트만 구매하는 것으로 간소화했다. 그리고 신랑 신부의 한복은 과감히 생략했다. 한 번 하는 결혼인데 갖출 건 제대로 갖춰야 한다는 생각에 이것저것 다 챙기다보면 어느새 예산은 초과되고, 결혼과 동시에 카드빚을 갚으며 허덕일 게 불 보듯 뻔했기 때문이다.

넷, 결혼 전 데이트는 결혼박람회장에서

우리 부부는 결혼식 전에 주로 결혼박람회를 들락거리며 데이트를 했다. 잦게는 매주, 드물게는 한 달 단위로 열리는 결혼박람회에 가면 각종 웨딩 관련 컨설팅업체부터 한복, 예물, 예복, 여행사 및 청첩장 업체까지 결혼에 관한 모든 정보를 쇼핑할 수 있다. 결혼박람회를 자주 가다보면 결혼 준비를 하는 데 있어 뭐가 필요하고 뭐가 불필요한지 자연스럽게 파악이 된다. 만약 시간이 없는 커플이라면 인터넷 혹은 결혼한 지인들의 후기나 진솔한 조언에 귀를 기울이는 것도 좋다.

다섯, 가급적 현금 혹은 상품권으로 지출하기

혼수용품을 살 때 보통 신용카드로 결제하는 경우가 많다. 하지만 나는 신용카드보다는 체크카드나 현금, 혹은 상품권으로 결제했다. 체크카드나 현금의 연말정산 공제비율이 더 높았기 때문이다. 나는 결혼 전에 이미 가상 재무 결혼식을 해보았고, 남편과 돈에 관한 수다도 꽤 구체적으로 나눈 편이었다. 게다가 이미 머릿속에 우리집 가계의 첫 번째 목표인 빚 청산 및 부부의 연말정산까지 어떻게 해야 할지 구체적인 설계를 해놓고 있었다. 그래서 결혼 전에 쓰는 신용카드는 결혼 후 우리가 갚아나가야 하는 빚이라는 사실을 파악했고, 13번째 월급인 연말정산을 위해서도 최대한 카드 사용을 절제하기로 했다.

당시 남편은 본업에 충실한 덕분에 우수사원상을 수상하면서 부상으로 상품권을 받았는데, 고맙게도 이 상품권을 결혼 준비에 보태라며 내게 주었다. 보통 예식비용은 현금으로 결제하는 경우가 많은데, 나는 예식장에 현금영수증 발급을 요청했다. 덕분에 그해 연말정산 때는 꽤 많은 금액을 환급받았을 수 있었다.

2012년 10월 15일, 우리는 서로에게 약속했던 편지를 낭독해주면서 부부가 되었다. 그렇게 '잘 될 우리'는 하나가 되었다. 나

의 좌우명이기도 한 '모든 건 생각대로, 결국엔 나에게로'의 '나'
는 '잘 될 우리'로 바뀌었다. 내 가계부도 새댁의 가계부가 되어
새로운 이름표가 붙게 되었다. 바로 '해피 리치 다이어리'다.

거꾸로 가계부를 쓰면
내 건물도 갖게 된다

과유불급(過猶不及).
지나치나, 미치지 못하나
그게 그것이다.
_《논어》 중

'Cafe Heaven 21(둘이 하나 된다는 뜻)에서 북콘서트 열기'

나의 일기장과 매일의 'To do list'를 적는 다이어리에 반복되는 문구다. 동그란 아치형 지붕과 잔디가 깔린 탁 트인 옥상이 있는 아담한 3층짜리 나만의 건물에서 북콘서트를 여는 것은 나의 오랜 꿈이다.

1층은 빵과 커피향이 어우러진 문화 공간을 겸하는 카페로 만들려고 한다. 가난한 젊은이들이 프러포즈나 이벤트를 할 수 있도록 무료로 대관해주고 책을 읽거나 쓰고자 하는 이들이 모여서 매달 북콘서트를 여는 것이다. 2층은 우리 부부 그리고 언젠가 태어날 아이와 함께 도란도란한 행복을 꿈꾸면서 살 집으로, 3층은 나의 취미생활인 빵과 쿠키를 굽고 책을 쓰며 새로운 사업 구상도 할 수 있는 나만의 작업실로 만드는 게 꿈이다.

건물을 갖는다는 것은 1억 원의 벽을 넘는 것과는 비교할 수 없을 정도로 큰 노력이 따라야 하는 일이다. 월급쟁이가 건물주가 되겠다는 꿈을 품었다니 평생 발버둥치다가 끝날 헛된 꿈이라고 생각하는 사람도 있을 것이다. 하지만 내 꿈의 건물은 이미 설계와 구상이 끝났고 이제는 탄탄하게 골조 공사를 준비중이다. 꿈을 향한 목돈 마련과 공부를 충실히 하고 있다는 의미다.

공인중개인 엄마에게 배운 내집 마련의 첫 걸음

나는 공인중개인의 딸이다. '서당 개 삼 년이면 풍월을 읊듯' 엄마의 일을 도와주면서 부동산에 눈을 떴고, 집과 관련된 다양한 사연의 사람들을 접해왔다. 전세금을 들고 소형 아파트 찾는 신혼부부에서부터 자식의 신혼집 마련을 위해 월세방이라도 얻어주려는 할머니가 있었는가 하면, 아파트 투자에서 시작해 어느덧 땅 매매로 돈을 모아 상가 분양을 하려고 찾아오는 손님들까지 다양한 사연의 사람들을 만날 수 있었다.

그중에서도 엄마의 부동산에 와서 전세집을 찾는 신혼부부는 크게 세 패턴으로 나눌 수 있다.

A고객

순자산 80,000,000원 + 대출 50,000,000원

=130,000,000원 수준의 집 구함(대출 비중 중간 수준)

"저희가 보유한 자산에 최대한 맞는 곳이라면 지은 지 좀 오래
돼도 상관없어요. 층수는 너무 저층만 아니면 되고요, 굳이 로
얄층이 아니어도 괜찮아요. 1,000만 원 정도 초과하면 주거 조
건 봐서 협상은 가능합니다."

B고객

순자산 50,000,000원 + 대출 80,000,000원

=130,000,000원 수준의 집 구함(대출 비중 약간 높음)

"서울로 출퇴근하기 좋아야 하고요, 편의시설도 잘 갖춰져 있
으면 좋겠어요. 신축 아파트면 더 좋은데, 가능할까요?"

C고객

순자산 80,000,000원 + 대출 50,000,000원

=130,000,000원 수준의 집 구함(대출 비중 중간 수준)

"아파트면 좋겠는데 그게 어려우면 신축 빌라도 좋아요. 교통은
크게 불편하지 않은 선이면 되고요, "

자신의 경제적 수준과 희망하는 주거 조건은 사람마다 천차
만별이다. 이 중에서 거래가 원활하게 이루어지는 경우는 어떤
경우일까? 바로 A고객이다. 중개인들은 대출 비중이 너무 높지

않고 자신의 주거 조건을 분명하게 제시하면서 어느 정도 타협과 양보를 할 수 있는 융통성 있는 고객들에게 좀더 좋은 물건을 추천해주는 경우가 많다.

특히나 신혼부부들이 부동산을 찾아올 때면, 엄마는 중개인 입장보다는 엄마의 마음이 되곤 했다. 자산 대비 부채 비율이 높은데도 무리해서 좋은 집을 고집하는 이들에게는 부채 비율을 줄이고 실속 있는 집을 권하는 편이다. 나는 그런 엄마를 곁에서 지켜보며 자연스럽게 식견을 기를 수 있었다. 그리고 언젠가 내 집을 마련하게 되면 어떤 식으로 해야 할지에 대한 구체적인 계획을 세우게 되었다.

사회 초년생 시절, 나는 공인중개사 시험 준비를 위해 부동산 중개업법과 민법을 공부했었는데, 이 역시 내 꿈을 위한 큰 자산이 되어줄 것이라 믿는다. 이제 내 경험에 비춰 새댁이라면 꼭 알아두어야 할 부동산 매매의 원칙 몇 가지를 공유하고자 한다.

하나, 거주할 곳인지 투자할 곳인지 따져보기

집이란 때로는 평생 살 집이 될 수도 있고, 혹은 투자의 대상이 될 수도 있다. 나에게 집이란 막연히 전자에 속했으나, 부동산에 조금씩 눈을 뜨고 집을 거래하는 과정을 지켜보면서 집은 단순히 주거만을 위한 공간이 아니라 투자의 대상이 될 수도 있음을 깨닫게 되었다.

집을 매입하기 전에는 반드시 거주할 집인지 투자 목적의 집인지 분명히 정해야 한다. 그래야만 대출의 규모도 정할 수 있고 목적에 가장 잘 부합하는 집을 구할 수 있다.

둘, 집의 신상명세서 등기부등본 들여다보기

집을 매매할 때 매입할 집의 등기부등본을 떼보는 건 상식이다. 대부분 집주인의 대출 여부를 확인하기 위해 보는 경우가 많은데 나는 이 등기부등본으로 그 집에 대한 모든 정보 즉, 신상명세를 파악한다. 등기부등본만 제대로 볼 줄 알아도 매입해야 할 집인지 아닌지를 대략 파악할 수 있다. 예를 들어, 등기부등본에는 '대지지분'이란 것이 나온다. 같은 조건의 주택이나 아파트라면 대지지분이 넓은 곳이 훨씬 유리하다.

그리고 등본상 '갑구'에 있는 대출사항만 볼 게 아니라, '을구'도 살펴보면서 소유자가 현 집주인인지도 정확히 짚고 넘어가야 한다. 만일 을구에 가처분권리자나 가등기권리자가 있는 경우엔 매입을 하지 않는 게 안전하다.

셋, 용의 꼬리보다는 뱀의 머리가 될 집 고르기

처음 집을 장만하면서 남들이 모두 살고 싶어하는 좋은 동네의 제일 좋은 집을 사기는 어렵다. 그럴 때는 생판 모르는 동네보다는 지금 거주하고 있는 동네나 그 근처를 먼저 공략해보자.

주변 환경과 개발 가능성 등을 잘 알고 있는 곳을 정해서 그 동네에서 제일 좋은 집을 찾겠다는 마음으로 발품을 팔아야 한다. 엄마도 우리 집을 장만할 당시, 용의 꼬리보다는 뱀의 머리가 될 집을 고르겠다는 마음으로 집을 보러 다녔다고 한다. 사람은 자신이 살던 동네를 쉽게 떠나지 못하기 때문에, 이사를 가도 가급적 살던 동네에서 더 좋은 집을 찾게 마련이라는 매수자의 심리를 긍정적으로 발휘한 것이다.

넷, 1억 원의 유혹 오피스텔 투자가 위험한 이유

사회 초년생 시절, 나는 왕복 4시간의 출퇴근이 너무 힘들어서 오피스텔을 사서 독립을 하고 싶었다. 그때 엄마가 말리지 않았다면 나의 목표 '20대 1억 원 모으기'는 달성하기 힘들었을 것이다.

오피스텔과 아파트의 큰 차이점은 거래하는 집값 대비 전세금 비율이다. 오피스텔은 집값 대비 전세금 비율이 90퍼센트 이상으로 매우 높다. 매매가와 전세금의 차이가 거의 없다고 봐도 무방하다. 그런데 시간이 흐를수록 아파트에 비해 거주 가치는 떨어진다. 아파트도 낡을수록 전세금이 떨어지긴 하지만 재건축 기대감 때문에 오르는 경향도 있다. 하지만 오피스텔은 그렇지 않다. 근처에 새 오피스텔 건물이 들어서면 임대료 인하 경쟁이 붙거나, 주변에 공사 현장이 생겨 입지 조건이 바뀌면 공실률이 높아질 위험도 있다.

설계에서 시공까지, 내집을 지으면서 깨닫게 된 것들

나의 신혼집은 단독 주택이다. 그것도 지어진 집을 산 게 아니라 땅을 매입해서 직접 집을 지었다. 신랑은 조경과 외장재 부분, 나는 내부 인테리어, 시아버님은 전체 설계와 시공 총괄을 맡으셨다. 그야말로 맨땅에 헤딩하는 심정으로 우리의 신혼집을 짓게 된 것이다. 우리는 끊임없이 발품을 팔고 정보를 물색하고 수많은 견적을 받으면서 최대한 예산안에 맞춰 집을 지으려고 애썼다.

그 과정에서 건축과 인테리어에 대해서도 많이 배웠지만 특히 '절세'에 관한 공부를 할 수 있는 계기가 되었다. 사실 가계부를 쓰고 통장 관리를 해나가면서, 세금을 줄이는 게 가계에 큰 도움이 된다는 것은 이미 알고 있었다. 그래서 집을 팔 때 부담해야 하는 양도소득세를 줄이기 위해서는 전략적으로 공동명의를 해야 한다고 생각해왔다. 양도소득세 세율이 누진세율 구조이기 때문이다. 누진세율 구조는 한마디로 내 소득이 100만 원일 때의 세금이 부부 각각의 소득이 50만 원이어서 이 소득의 합이 100만 원일 때의 세금 합계액보다 더 많은 구조다. 즉, 결과적으로 공동명의로 했을 때 양도소득세를 더 적게 내는 것이다. 그래서 나는 남편도 당연히 공동명의에 동의할 줄 알았다. 그러나 당시 우리는 여러 사정과 사연으로 인해 안타깝게도 그렇게 할 수 없었다.

그리고 집은 나만의 공간이 아니므로 한 사람만의 고집으로 매입을 결정해서는 안 된다고 생각한다. 그 이유 중 하나는 함께 받은 대출금 때문이다. 결혼 후에는 대출금도 함께 갚아가야 하므로 '우리의 집'을 고른다는 생각으로 배우자의 의견을 충분히 반영해야 한다. 우리 부부의 경우, 신혼집에 대한 의견은 달랐지만 충분한 설득을 통해 신랑의 꿈을 이해하게 되었고 합심해서 대출금도 목표한 기간 내에 갚는 데 성공할 수 있었다.

나의 꿈, Heaven 21 건물을 위한 첫 걸음

내 가계부에는 창업과 사업 자금 용도로 불입되는 저축액이 있는데, 그 돈은 'Heaven 21 건물'이라는 이름표를 가진 목돈 통장에 쌓이고 있다. 25세부터 지금까지 꾸준히 이 통장에 일정 수준의 돈을 모으는 중이다. 이 통장의 만기는 10년으로, 만기 후 환급될 금액과 나만의 건물을 세울 생각을 하면 벌써부터 심장이 두근거린다.

내 심장을 두근거리게 하는 이 꿈을 실현하려면 현재 갖고 있는 목돈 통장으로는 어림도 없다. 하지만 꿈을 위해 실천해온 꾸준한 노력, 적은 액수일지라도 차곡차곡 쌓이며 조금씩 바뀌는 숫자들을 보노라면, 언젠가 이 꿈을 현실로 만들어줄 튼튼한 자금이 되어주리라 확신한다.

꿈은 사람을 변화시키기도 한다. 항상 꿈을 생각하고 매일 글로 쓰면서 되새겼다. 심지어는 집과 사무실 곳곳에 나만의 콘셉트를 구체화시켜줄 인테리어 사진들을 붙여놓았다. 그러다보니 어느새 그 꿈이 나를 움직이게 만들었다. 외식하러 식당에 가거나, 친구들을 만나러 카페에 갈 때도 제일 먼저 그곳의 풍경과 전망을 살펴보게 된다. 내가 속한 공간과 시간 자체를 모두 나만의 레퍼런스로 만들어가면서 나만의 개성을 살린 3층짜리 건물을 마음속으로 계속 설계하고 끊임없이 수정해나가고 있다. 그러다보니 돈이 단지 숫자에만 머물지 않는다. 그 숫자가 꿈을 먹으면서 무럭무럭 자라나고 있는 것이다.

어쩌면 나의 꿈은 이상과 현실 두 마리의 토끼를 다 잡고 싶은 마음에서 나온 것일지도 모른다. 최근 신문을 읽다가 실리콘밸리에 기반을 둔 어느 한국 스타트업 대표가 한 말을 보았는데 참 인상 깊었다.

"1조 원의 가치가 있는 회사가 될 것이라고 믿어야 성장할 수 있어요. 'Think Big', 말 그대로 크게 생각해서 믿어야 성장하는 거죠. 하지만 자신을 무작정 과대평가해서는 안 됩니다. 현실을 받아들이면서 목표를 잡아야 성장할 수 있어요."

그는 최근 한국 초기 스타트업 투자를 위한 600억 원 규모의 펀드 조성에 성공해 적극적인 투자 활동을 하고 있다. 아마 그에게는 꿈이 있고 그 꿈을 현실로 끌어당길 수 있는 자신감이 있었기에 꿈을 확장시켜나갈 수 있었을 것이다. 나는 믿는 대로 된다고 생각한다. 그래서 오늘도 이 꿈이 절대 허황되지 않다고 믿으며, 모든 긍정적이고 좋은 것들을 끌어당기려고 부단히 애쓰고 있다. 내 건물을 꾸미는 상상놀이를 하면서 현실에서는 철저한 가계부 관리를 바탕으로 10년 기준 재형저축형 목돈통장과 펀드통장에 꿈을 쏟아붓고 있다.

그리고 현재 살고 있는 단독주택을 증축하거나 디자인을 수정해 새로운 건물로 재탄생시키는 방법도 고민중이다. 그 외에 부동산 경매 및 투자에 꾸준한 관심을 갖고 각종 서적과 온라인 정보들을 꾸준히 학습해가고 있다.

연애시절에도 그랬듯이 우리 부부는 짬이 나면 창업박람회나 프랜차이즈박람회 등 각종 박람회에 다닌다. 거기서 얻는 실질적인 정보를 통해 내가 꿈꾸는 카페의 초기 투자금과 수익성 등을 따지는 사업적 접근을 배워가고 있다.

무엇보다 중요한 건 긍정적으로 생각하고 절대 꿈을 포기하지 않는 마음가짐이다. 부모님께선 가끔 내 꿈이 허황되다며 현재의 삶에 만족하며 살라 하시지만, 그래도 나는 북콘서트를 여는 'Cafe Heaven 21'을 만들어 사랑하는 사람들을 초대하는 꿈을 포기하지 않을 것이다.

거꾸로 가계부를 쓰면
빚을 갚는 속도가 달라진다

❀

'내 인생은 너무 꼬였어'라는 말은
마이너스 통장을 가진
사람들이 자주 쓰는 말이다.
_《단순하게 살아라》 중

집을 장만하거나 차를 살 때 우리는 으레 빚을 낸다. 너도나도 빚으로 집을 짓고, 빚으로 차를 타는 걸 당연시 여긴다. 하지만 주택담보대출과 자동차 할부, 마이너스통장과 카드 연체 때문에 돌려막기를 하며 빚으로 덕지덕지 군살이 붙은 삶이 행복할 리 없다.

나는 빚도 자산이라는 말을 믿지 않는다. 내게 빚은 반드시 갚아야 하는 돈에 불과하다. 더군다나 즐겁게 살아야 마땅한 집에서 빚을 갚기 위해 아등바등하며 감정과 에너지를 모두 소모해버리고 나면 행복은 오간데 없어지고, 어느새 나이만 먹을 것 같기 때문이다. 그런데 결혼과 동시에 나는, 아니 우리는 빚을 지게 되었다. 우리집이 '우리집'이 아니라니.

　당시 남편은 땅을 매입하는 데 모든 돈을 썼기 때문에 더 이상 돈이 나올 구멍이 없었다. 그래도 단독주택에서 결혼생활을 시작하고 싶다는 꿈만큼은 포기하지 않았다. 결국 복층의 단독주택은 과감히 포기하고 대신 다세대주택을 설계해 1층은 전세를 놓기로 했다. 최대한 빚을 지지 않기 위한 선택이었지만, 그럼에도 공사비로 쓸 돈의 일부분은 대출을 받아야 했다.

빚, 엎질러진 물이라도 최대한 주워 담자

　다행히도 남편은 이런 때를 대비해 주거래 은행을 두고 있었다. 신용카드도 주거래 은행의 것을 사용하면서 신용관리를 해왔고, 그 덕분에 저렴한 금리로 대출을 받을 수 있었다. 나머지 필요한 돈은 양가 부모님께 빌렸다. 양가 부모님께는 감사한 마음으로 대출이자보다 많은 용돈을 드렸다. 은행이나 카드회사에 주는 돈보다는 차라리 부모님께 드리는 이자가 마음은 더 편하다고 생각했기 때문이다. 비록 빚으로 짓기 시작했지만 그렇게 우리집을 완성해나갔다.

　빚은 엎질러진 물이라며 부정적으로 생각하면 갚아나가기가 쉽지 않다. 나는 엎질러진 물이라도 최대한 합심해서 주워 담아야겠다고 결심했다. 그래서 결혼 후 우리 집의 가계부 방향을 저축이 아닌 빚 갚기로 정하고 남편과도 합의했다.

무엇보다 빚 때문에 툴툴거리거나 압박을 느끼며 부정적인 생각을 하기보다는 빚을 이성적으로 대하려고 노력했다. 우선 남편이 대출받은 금액과 해당 금리 그리고 대출받은 방식을 정확히 파악하는 데 집중했다. 매달 대출이자와 원금상환으로 얼마를 내는지 그리고 중도 일시상환에 대한 수수료가 붙는지 아닌지 등 대출의 성격을 꼼꼼히 파악했다. 그렇게 해서 빚을 정리하는 시점이 언제가 될지 알아야 예산을 잘 세울 수 있고 가계 관리를 잘 해나갈 수 있다고 판단했기 때문이다.

또 빚을 갚는 것을 우선순위에 두었기 때문에, 저축액이 줄어드는 것은 감수하기로 했다. 빚이 있는데 그걸 외면한 채 저축을 해봤자 그건 밑 빠진 독에 물 붓기라고 생각했기 때문이다.

특히 은행은 내가 힘들 때 나에게 도움을 주는 곳이 아니라는 걸 나는 일찍부터 알고 있었다. 은행은 대출을 통해 발생하는 이익으로 수익을 만드는 곳이다. 대출이자와 은행의 예적금 금리의 차이인 '예대마진'으로 운영되기 때문에 대출이자로 내는 금액이 예적금으로 받는 이자보다 많을 수밖에 없다.

그래서 대출금을 갚고 재정 상태를 건강하게 만든 후, 새로운 마음으로 우리 집 리치 다이어리를 써내려가야겠다고 다짐했다. 1억 2,000만 원의 빚을 갚기 위한 대장정은 그렇게 시작되었다.

빚, 이성적으로 대하는 방법

나는 결혼 전부터 만약 대출을 받아 결혼생활을 시작할 경우 어떻게 대처할지 몇 가지 마음의 규칙을 세워두었다. 그리고 그 규칙을 염두에 둔 채 빚을 갚아나갔다.

금리가 높은 것부터, 만기가 짧은 순서대로 갚기

이자가 높은 대출금부터 갚아나가는 것은 당연지사다. 철저히 금리를 비교해본 후 높은 금리로 대출받은 것 중에서도 만기가 짧은 순서대로 갚아나갔다. 신용우수자가 신용불량자가 되는 건 순식간이기 때문이다. 연체를 하는 순간부터 나와 우리 부부의 가계 신용도에 문제가 생긴다. 더군다나 연체료까지 물게 되는 상황이 닥친다면 이는 무시무시한 악순환의 늪에 빠지는 첫발이 될 수도 있다고 판단해서 대출의 만기가 짧은 순서대로 갚아갔다.

대출상환금은 월 소득의 50퍼센트가 넘지 않도록

만약 나의 월소득이 200만 원인데, 150만 원 정도를 꼬박꼬박 대출금으로 갚아간다면 이것이야말로 집만 가진 가난뱅이가 되는 지름길이다. 집을 얻었다 해도 대출원금과 이자가 소득의 대부분을 갚아먹는 상황이라면 반복되는 악순환을 겪으며 무늬만 집인 곳에서 살게 되는 것이다. 나는 내집 장만을 꿈꾸면서도 대출을 받는 상황이 온다면, 상환 금액의 최대치를 내 월급의 절반으로 정해놓았다. 아무리 내집 마련을 위한 대출이라고 해도 대출원금과 이자가 월급의 절반을 넘는다면 가계 재정에 타격이 올 것이고 삶 자체가 피폐해질 위험이 있다고 생각했기 때문이다.

빚부터 갚고 저축하기

대출을 다 갚기 전까지는 저축을 하지 않았다. 왜냐하면 단순히 금리 비교를 해서 역으로 계산을 해보니, 은행에 예치한 돈의 예금금리가 대출이자보다 턱없이 낮았기 때문이다.

빚 앞에서는 더 독해져야 한다는 마음으로 새댁의 절약 신공을 펼쳤다. 남편 또한 빚을 갚는 동안에는 평소 씀씀이보다 조금이라도 더 절약하려고 노력했다. 나와 남편은 월급을 모두 CMA통장에 모은 후 일정 금액이 마련되면 바로 대출원금 상환을 해서 빚을 부분적으로 줄여나가는 데 집중했다. 원금이 줄면 그만큼 부담해야 하는 이자도 줄기 때문이다. 원금을 먼저 갚고, 그 이자액을 최대한 줄여나가는 데에는 사실 친정부모님의 도움이 컸다.

물론 부모님께 진 빚도 빚이다. 여기서 내가 빚이라고 칭한 것은 금융회사들을 통한 대출금액이고, 그 외에 양가 부모님께 빌린 돈 또한 만만치 않았다. 이것 역시 가능한 한 빨리 돌려드려야 할 빚이다.

"2011년 12월 27일, 대출이자가 112,398원이네. 근데 이때 이율이 6.66퍼센트로 올랐잖아. 맙소사……. 여보, 당신을 탓하는 게 아니라 나 같으면 이렇게 변동금리가 적용되는 대출은 안 받았을 거 같아요. 이자 납부 이력을 관리하다보니 대출이율이 4퍼센트에서 6퍼센트까지 오르는 걸 보고 깜짝 놀랐어요. 그나마 우리가 원금을 빨리 갚고 있어서 다행이에요. 빚이 이렇게 무서운 거네요. 다음부터는 좀더 신중해져요, 우리."

어느 날 대출납입 이력서를 보다가 깜짝 놀랐다. 대출이율이 2퍼센트나 오른 것이다. 나는 대출이자가 빠져나가기 시작한 날로부터 대출금을 다 갚은 날까지 1년 6개월 동안 꼬박꼬박 납부 거래일과 이율 그리고 납부금액을 꼼꼼히 기록해나갔기 때문에 금리 변동에도 민감하게 반응했다.

사실 결혼 전에 남편이 받은 대출이었기에 내가 관여할 수 없는 부분이었다. 하지만 결혼 후 대출 납입 히스토리를 꾸준히 기록해서 매월 남편에게 보여주었더니 그도 문제점을 알게 되었고, 이런 시행착오를 반면교사로 삼을 수 있게 되었다.

빚, 독이 아닌 약이 되려면

물론 빚도 잘만 활용하면 약이 된다. 만약 대출 금리 4퍼센트로 2억 원 수준의 부동산에 투자했다고 치자. 매월 그 이상의 수익, 예컨대 7퍼센트 수준의 임대료 수익이나 그에 상응하는 수익을 낼 수 있다면(기타 비용 제외하고서) 빚을 이용해 자산을 늘릴 수도 있다. 하지만 현실적으로는 그 정도 수익을 올리기가 쉽지 않을뿐더러, 그러기 위해서는 치밀한 계획이 뒷받침되어야 한다. 그리고 결혼했다면 빚에 대한 부부의 생각이 같아야 합심해서 빚을 갚거나 '약'으로 활용할 수 있다.

나는 가계부를 통해 빚이 어느 정도 남아 있으며 이자가 얼마나 줄어들고 있는지 가시화해 한눈에 파악할 수 있었기에, 빚을 갚아나가는 속도가 빨랐다. 그리고 대출 납입 이력서를 부부가 공유하면서 서로 독려해주었기에 목표한 기간 내에 빚을 청산할 수 있었다.

물론 가장 바람직한 건 무리한 대출을 받아가며 주택을 구입하지 않는 것이다. 내게는 사실 부담스러운 '우리집'이었지만, 하루 빨리 편안한 살림을 꾸려나가고 싶은 마음을 빚 청산의 원동력으로 삼았다. 빚을 정리하는 동안에는 월급의 80퍼센트 가까이를 모았다. 그런데 이런 절약도 기한이 없이 무작정 늘어지면 힘들다. 내 경우, 두 사람의 총수입 기준으로 2년 안에 갚을 수 있는 규모로 대출을 받았기에 무모할 정도로 지출을 줄이면서도 생활할 수 있었다. 기약 없는 절약은 요요현상이라는 부작용을 낳게 하니 반드시 기한을 정해야 한다. 그렇게 한도를 정해놓으면 오히려 빚을 통해 목돈을 마련할 수도 있다.

　어쩔 수 없이 대출을 받아야 하는 상황이라면 최대한 약이되게 활용하자. 그러기 위해서라도 가계부 쓰기를 통해 평소 자신의 수입과 지출의 현황, 자산 규모와 흐름을 파악하고 있어야 한다.

거꾸로 가계부를 쓰면
직장의 근속연수도 늘어난다

✿

목표를 이루기 위해서는
일단 버티고 설 자리가 필요하다.
_찰스 가필드

요즘 남자들은 대개 맞벌이를 선호한다. 당연히 결혼 후 직장을
그만두려는 여자들도 줄어들고 있다. 문제는 내가 선택한 맞벌
이냐, 경제적인 문제 혹은 남편과 시댁 눈치가 보여 마지못해 하
는 맞벌이냐 하는 점이다.

나는 스스로 맞벌이를 선택했다. 결혼하자마자 갚아나가야
할 빚이 있기도 했지만, 그보다 내가 알고 있는 나는 항상 새로
운 걸 배우고 또 그것을 통해 스스로를 성장시키고자 하는 욕구
가 강한 여자였기 때문이다.

하지만 결혼생활은 정말 장난이 아니었다. 일을 하면서 집안
살림을 꾸려나가야 하는 현실은 예상보다 고됐다. '결혼은 현실'

이라는 말의 의미를 그제서야 깨달았다. 게다가 신혼 초에 가계부를 재정비하고 양가 부모님을 챙기면서 빚까지 갚아야 하는 등 숙제들이 쌓이니 더욱 힘들었다. 무엇보다 남편이 '남'의 편이 될 수도 있다는 현실을 실감했을 때는 그야말로 '놓지마, 정신줄'이라고 외칠 지경이었다.

새댁이 맞벌이를 포기할 수 없는 이유

결혼 전, 나는 앞으로 꾸려나갈 우리 가계를 맞벌이의 상황과 외벌이의 상황으로 구분해 각각 역계산하면서 우리 부부의 미래를 상상해보았다. 그때 이미 소득 차에 따라 우리 부부의 미래가 어떻게 달라질지 일찌감치 깨우쳤다. 만약 외벌이로 가계를 꾸려나가면 대출상환은 당연히 늦어질 것이고, 아이라도 갖게 되면 지출의 규모는 더 커질 게 뻔했다.

그러므로 내게 있어 '맞벌이'는 내가 좋아하는 직장에서 능력을 발휘해 돈을 벌고, 그것으로 남편이 지고 있는 무거운 어깨의 짐을 덜어주는 것이었다. 그러하기에 소득이 많은 사람의 수입은 고스란히 저축해서 우리의 버킷리스트 속 꿈을 이루기 위한 종잣돈으로 불려갈 수 있게 하는 것은 너무나 당연한 선택이었다.

자신의 일을 너무 사랑한 탓에(?) 거의 매일 야근하는 남편을 기다리며, 내일 아침상엔 어떤 반찬을 올릴까 생각하며 피식 웃는 사내 커플 새댁인 나는 그렇게 맞벌이 부부로서 새로운 삶을 시작하게 되었다.

비록 맞벌이 새댁으로 보낸 시간이 길지 않고 시행착오를 톡톡히 겪고 있지만 만약 나에게 결혼을 앞둔 후배가 조언을 구해 온다면 나는 일단 맞벌이 생활을 해보라고 조언할 것이다. 특히 신혼 초, 통장을 합치고 가계부를 새롭게 정비해야 하는 시점에는 돈과 관련한 심리전이 만만치 않기 때문에 맞벌이를 하는 상황이 여러 모로 도움이 된다.

그리고 맞벌이란 단순히 돈을 함께 번다는 것보다는 '능력을 활용한다.'는 의미로 받아들여야 한다. 자신의 능력과 적성에 걸맞은 일을 하면서 돈과 커리어를 동시에 쌓아나갈 수 있기 때문이다. 또 그렇게 생각해야 일과 살림을 함께해나가면서 겪는 고됨이 덜하고 억울하다는 생각도 줄일 수 있다.

전업주부들도 얼마든지 자신의 능력을 발휘할 수 있는 세상이다. 블로그 활동을 하며 숨겨진 재능을 펼치고, 자신만의 아이디어가 담긴 물건을 팔아 경제 활동을 하는 이들이 얼마나 많은가. 고수 알파맘들은 이미 사회 곳곳에서 능력을 펼치며 직장맘보다 더 높은 수입을 올리고 있다.

월급통장 보면서 초심과 열정을 되찾기

직장생활을 하다보면 누구나 크고 작은 위기 상황과 자질구레한 구설수로 마음의 상처를 입게 마련이다. 내게도 '직딩녀 잔혹사'에 걸맞은 꽤나 오래된 흑역사가 있다. 맞벌이 부부에다 사내커플의 주인공이기에, 회식자리에서는 자칫 남의 말하기 좋아하는 사람들의 입에 부단히 오르내린다. 도마 위의 팔딱이는 횟거리 안주처럼 말이다. 어디 그뿐인가. 가끔 업무 스트레스에 번아웃되어서 퇴근하는 날이면, 솔직히 맞벌이생활과 굿바이하고 싶어진다.

하지만 나를 비롯한 직장인 대부분은 그 결심을 실행에 옮기기 어렵다. 월급 없이는 당장 생활이 안 되거나, 돈을 못 버는 상황에 대한 막연한 불안감 때문이다. 나 또한 그만둬야 하나 싶을 땐 사표를 쓰는 대신 일기를 쓴다. 지금 내가 원하는 삶에 대해 생각하면서 말이다. 그리고 가계부를 펼쳐놓고 그동안의 내 수입과 자산 현황을 가만히 보다보면 새삼 꼬박꼬박 들어오는 월급과 그 월급으로 알뜰살뜰하게 저축하고 살림을 꾸려나가고 있는 내 모습에 작은 행복을 느끼게 된다. 그럴 때면 사표를 생각한 나의 나약함을 다시금 반성하게 된다.

조금은 슬프고 쓸쓸한 이야기지만, 올해 초 나는 너무 지쳐서 직장뿐 아니라 모든 걸 다 그만두고 싶었다. 그때 나를 버티게 만들어준 것은 다름 아닌 통장이었다. 아직 만기가 한참 남아 있는, 나의 꿈이 담긴 적금통장들 말이다. 매일 가계부를 관리하며 그 적금통장의 만기일을 생각하다보면 첫 월급을 받았을 때의 기쁨이 생생하게 되살아난다. 어엿한 사회인으로 능력을 발휘할 수 있는 기회를 잡았고, 큰 빌딩 속에 날 기다리는 내 책상이 있다는 것만으로도 감사했던 그 초심을 되새겨본다. 그리고 회사 생활을 하면서 또 다른 성장을 하고 있지 않은가.

자포자기 심정이 들다가도 불끈 호랑이 기운이 솟아나게 해주는 월급. 누군가에겐 마치 '썸'을 타듯이 왔다가 불현듯 사라지기 일쑤겠지만 내게는 꿈과 함께 차곡차곡 쌓여나가며 든든한 에너지원이 되어준다.

회사는 국민연금 내주는 고마운 존재

첫 월급 명세서를 보고 세금의 대부분을 차지하는 '국민연금'에 대해 화들짝 놀랐었다. 적금 하나를 더 불입할 수 있는 돈이 국민연금이라는 명목으로 피 같은 월급을 축내고 있다는 생각이 들었다. 참으로 철없는 생각이었다. 그때는 국민연금이 뭔지 제대로 몰랐다. 하지만 결혼을 하고 노후까지 고려해서 남편과 나의 보험을 재설계하면서 국민연금이 얼마나 든든한 투자인지 새삼 깨닫게 되었다.

만 18세부터 60세 미만 국민이면 가입 대상이 되고, 최소 가입기간 10년을 채우면 해당 연령시 노령연금을 받을 수 있는 국민연금은 조기 수령 제도가 있으니 필요한 시기에 언제든 돈을 찾아서 쓸 수 있다. 반대로 자녀를 다 키워두고 나서 경제적 여유가 있다면 연금 지급 연기 신청도 가능하다.

하물며 이 국민연금을 담보로 일정액을 저금리로 대출받을 수도 있다. 비록 한도 금액은 500만 원으로 소액이지만 가게 창업이나 기타 다른 일을 도모할 때 소액이 부족해서 은행 대출이나 신용카드 대출을 받아야 할 상황이라면 국민연금 대출을 이용하는 것도 한 방법일 것이다. 이렇게 국민연금을 공부하다보면 어느새 노후대책에 대한 또 다른 길이 보이기도 한다.

그러므로 회사에 다닐 수 있는 복(?)을 타고난 직장인들이라면 월급에서 국민연금이 꼬박꼬박 빠져나가고 있다는 사실에 고마워해야 한다. 무엇보다 절반은 회사가 내주고 있지 않은가. 이런 사실을 깨닫고 나면 근속 연수도 더 늘어나게 된다.

노후 준비? 일단 직장에서 버티며 생각하자

고정적인 수입을 얻으면서 미래를 고민할 수 있는 이 기간은 참으로 소중하다. 가계부를 펼쳐놓고 가족의 미래를 위한 노후대책을 생각하다보면 막연한 불안감도 찾아들고 오늘의 삶에 충실해야겠다는 각오도 다지게 된다.

내 근속 연수를 늘려주는 또 다른 이유 중 하나가 바로 결혼 전 이미 세팅해놓은 나의 노후대책용 연금이다. 아직 불입기간이 많이 남아 있어 좀더 일을 하라며 내 발목을 붙잡고 있다. 그 연금은 내가 수입이 없어질 시기에 맞춰놓은 상품이라서 일단 그것이 만기되기 전까지는 아무리 힘든 일이 있어도 버틸 것이다.

결혼하고 가계부를 다시 세팅하면서 나는 다른 가정들처럼 자녀의 학원비, 과외비, 유학자금에다가 노후에 쓸 돈까지 쏟아붓지 말자고 은연중에 결심을 했다. 준비되지 않은 부모의 노후는 자식들에게 더 큰 걸림돌이 될 거라고 생각하기 때문이다. 그뿐만 아니라 노후대책은 '돈'이 다가 아니다. '일'을 하면서 스스로 만족감을 느끼고 사람들과의 관계를 이어가는 것도 돈 못지않게 중요하다고 생각한다.

우리 부부는 일을 할 수 있는 현실에 감사하며 살고 있다. 그리고 언젠가 일을 모두 접어야 할 때가 오면 그동안 근속연수를 늘려가며 불입한 국민연금과 각종 연금상품들이 우리를 당당한 노인으로 살게 해줄 것이라 믿고 있다.

앞으로도 나는 행복한 노후를 마련하기 위해 외국어를 포함해 내가 발휘할 수 있는 능력을 최대한 발휘해나가면서 근속 연수를 늘려나갈 것이다. 어제처럼 오늘도 내일도 누구보다 일찍 회사에 출근해 하루의 'To do list'를 적는 것으로 업무를 시작하고, 일기를 써내려가며 웃는 얼굴로 하루를 마무리할 것이다.

거꾸로 가계부를 쓰면
평생 안심하고 살 수 있다

❀

운명은 자신에게 대항하기 위한
역량을 제대로 갖추지 않은 곳에서
그 위력을 떨친다.
_《군주론》중

사회 초년생 시절, 나는 보험에 정말 인색했고 가입하는 데도 신중했다. 골치 아픈 보장내역과 불입금액 그리고 상품 전반에 대해 꼼꼼하고 철저하게 따졌기에 지금은 진짜 혜택을 볼 수 있는 적절한 보험상품들만 가입해서 유지하고 있다.

어쨌거나 보험은 필요하다. 살면서 발생할 위험에 대비하기 위한 방패막 같은 것이기 때문이다. 그러나 그 방패막이 너무 무거우면 안 된다. 무거운 방패는 공격에 대비하기는커녕 들기도 버거워서 던져버리고 싶은 애물단지가 되고 말 것이다.

"취직하셨나봐요. 축하드려요. 좋은 직장에 다니고 계시네. 근데 연금상품은 있으세요? 미리미리 노후대책도 해놔야 나중에 후회가 없어요. 최근에 직장 초년생들을 위한 안심노후보장보험이 나왔어요. 저축하시고 만기 때 든든하게 타실 수 있어요."

첫 월급을 탈 즈음이 되면 어떻게 알았는지 보험회사에서 월급 턱을 내라고 가장 먼저 전화를 해온다. 그들이 권하는 것 중 사회 초년생이 가장 쉽게 넘어가는 상품이 바로 저축성보험이다. '저축'이라는 단어가 붙으면 왠지 모르게 안심이 된다. 하지만 이것 역시 소중한 내 월급을 갉아먹을 수 있는 무서운 상품이니 주의해야 한다. 게다가 '보장'이라는 말에 안심해서 가입했다간 환급을 받기는커녕 원금 대비 마이너스가 될 확률이 크다.

보험이란, '안심'을 사는 지출성 금융상품

나는 보험으로는 부모님께서 물려주신 건강보험과 내가 가입한 실손의료비보험, 노후대책용 환급성연금보험 세 가지를 갖고 있다. 어릴 때 병원 출입이 잦았던 엄마를 보면서 참 마음이 아팠다. 만일 병원비까지 부담스러웠으면 더 힘들었을 텐데 다행히도 엄마는 실손의료비보험에 가입되어 있어 그 덕을 꽤 봤다.

그런 엄마를 보면서 보험도 잘만 가입하면 불시에 닥칠 위험에 대비할 수 있고, 마음의 걱정을 덜어주는 작은 위안이 될 수도 있다는 걸 알게 되었다. 즉, '안심'을 사는 지출성 금융상품이라고 생각한 것이다. 없으면 불안하고 두자니 너무 많은 돈이 빠져나갈 수 있는, 신중해야 하는 지출액인 셈이다.

　나에게 특별한 보험 가입의 비법은 없다. 다만 금융상품을 관리해나가는 것처럼 매달 자동이체로 빠져나가는 보험지출액에 대해 불입금액, 불입 횟수, 불입 날짜 등을 가계부에 철저히 기록하고 있다. 내가 가지고 있는 보험들의 총액수는 월급 대비 10퍼센트 수준을 웃도는 정도다. 보험은 환급성과 비환급성을 떠나 모두 돌아오지 않는 '지출성 비환급성 금융상품'이라고 생각했기에 절대로 금액을 많이 책정하지 않았다. 특히 종잣돈 마련이 중요했고, 무엇보다 1억 원이라는 목표를 향해 달려나가야 하는 나로서는 더더욱 많은 금액을 할애할 수 없었다. 훗날 노후대책으로 일정 시기가 되었을 때 환급이 가능한 노후연금저축보험이 아니고서야, 나에게 보험이라는 건 그저 안심을 사는 데 지불하는 값비싼 한 달 지출액에 불과하다.

　여기서 또 한 가지 중요한 점은 불입액수를 보험설계사가 권유하는 금액이 아닌 내가 원하는 금액으로 정해야 한다는 것이다. 종잣돈을 모으려는 목표가 분명했던 나는, 먼저 불입액을 정하고 그에 맞는 연금상품과 실비보험의 견적을 받아서 그중 적절한 것을 골랐다. 그때 도움을 준 것은 일반인들의 보험 관련 실패 및 성공 노하우 같은 수기들이었다. 그 글들을 꼼꼼히 읽다 보니 은연중에 보험이 뭔지, 어떤 상품이 독이고 어떤 상품이 약이 되는지를 구분할 수 있는 눈이 생겼다.

　수많은 보험상품 중 나를 위한 상품을 찾아내기 위해 제일 먼저 '가입 목적'을 확실히 정했다. 그 이후에 가계부 속 예산을 바탕으로 불입금액을 정하고, 환급이 되는지 안 되는지, 환급은 언제 어느 시기에 얼마나 받을 수 있으며, 그 금액은 내가 불입한 원금 대비 어느 만큼인지도 따졌다. 이런 원칙하에 상품을 고르다보니 나를 위한 최적의 상품을 선택할 수 있었다.

잘 설계된 하나의 보험이 최고다

　이것저것 중구난방으로 가입한 5개의 보험보다 잘 설계된 하나의 보험이 낫다. 지인들의 추천이나 피치 못할 상황 때문에 울며 겨자먹기로 가입을 하다보면 서너 개가 훌쩍 넘는 게 보험이다. 그렇게 가입한 보험상품이 늘어갈수록 가계부는 울게 된다.

　내 남편이 바로 그런 경우였다. 결혼 후 '보험 결혼시키기'에 돌입한 나는 그가 가입해놓은 여러 개의 보험 상품들을 찬찬히 살펴보다가 속이 상해 한동안 혼자서 울분을 삭혀야 했다.

보험 결혼시키기

　내 기준으로 봤을 때 남편의 보험상품들은 가관이 아니었다.

초기에 해약했어야 할 애물단지와도 같은 변액유니버셜보험과 종신보험에 대한 불만 때문에 신혼 초, 적잖이 불협화음을 내기도 했다. 하지만 나를 화나게 한 건 남편이 아니라, 그의 사람 좋아하는 성격을 간파하고 보험 내용을 제대로 설명해주지도 않은 채 가입시킨 후배라는 사람이었다. 지금은 어디에서 무엇을 하며 사는지조차 알 수 없는 그 후배에 대한 분노였던 것이다.

물론 남편에게도 아쉬움이 있다. 보험에 가입할 때 설계사에게 자신의 상황을 설명하고, 가입의 목표가 무엇인지 뚜렷하게 알려주고 환급과 혜택에 대해서도 꼼꼼히 챙겼다면, 설계사가 그렇게 아무 상품에나 가입시키지는 않았을 것이다.

하지만 이미 엎질러진 물, 나는 남편의 보험상품 내용과 불입 금액 그리고 불입 시기와 예상 환급액들을 가계부에 찬찬히 옮기면서 공부해나갔다. 알고 보니 가입 이력과 보장 내용은 그가 예상한 것과는 사뭇 다르게 부실하고 아쉬운 면이 많았다. 가장 속상했던 건 중복 가입된 저축성 연금상품과 불입한 만큼의 환급도 못 받고 중요한 질병은 제대로 보장도 안해주는 종신보험이었다. 종신보험 중에서도 '유니버셜종신보험'이라는 성격을 가진, 즉 건강이나 위험을 보장해주는 것이 아니라 투자성이 짙은 보험상품은 환급하려 해도 골치였다. 환급액이 원금 대비 마이너스였기 때문이다. 무엇보다 해약하지 않은 이유는, 가입을 하며 가족을 생각한 남편의 기특한 마음과 그의 재테크도 존중

해야겠다는 생각 때문이었다. 여기서 또 한 가지 중요한 사실은 보험 해지는 가입만큼 신중하게 결정해야 한다는 것이다.

결혼을 앞둔 예비부부에게 꼭 당부하고 싶다. 각자의 자산을 합쳤을 때 서로 중복되는 보험이 있는지 잘 살펴보고, 새로 가입할 때는 가계에 부담이 되지 않는 선에서 '지출'이라고 생각하고 가입하기를 바란다.

내 가계부에는 우리 부부의 보험상품과 관련된 내용을 꼼꼼히 기록한 표가 있다. 보험의 성격과 불입액, 불입 횟수, 남은 불입기간, 환급 개시일, 수입 대비 비율 등을 하나의 표로 만들어 같이 관리해나가고 있다.

가계부 속 우리 부부의 보험 현황

해당인	내용	비고	수입 대비 비율	불입 횟수	잔여 횟수	환급 개시일	남은 해
나	실비보험	소멸성	0.4%	59	61	소멸성 건강	5
	건강보험	저축성	0.2%	132	108	적금성 (수시)	9
	연금저축	저축성	1.9%	75	45	55~70세	4
남편	연금저축	저축성	1.8%	113	7	55~62세	1
	종신형 연금저축	저축성	1.9%	117	3	60~종신	0
	종신보험	종신보험	1.7%	135	117	종신	10
	변액보험	변액보험	1.8%	128	종신	종신	종신
	실비보험	소멸성	0.3%	27	213	소멸성 건강	18
			10.0%				

나의 보험 가입 전 To do list

보험 결혼시키기를 하면서 남편에게 반드시 있어야 하는 보험이 없다는 걸 발견했다. 바로 실손의료비보험이다. 남편 명의의 실비보험 가입을 위해, 보험 가입 전에 반드시 확인해야 할 내용을 기준으로 상품들을 찾아나섰다. 실손의료비보험은 감기처럼 사소한 질병은 물론 갑작스런 사고나 큰 수술 등으로 부담하게 되는 병원비까지 폭넓게 보장해주기 때문에 위험에 처했을 때 가장 혜택(보험금 불입 대비)을 잘 볼 수 있는 보험이다. 다만 실비보험의 갱신 주기와 보장 기간 변경에 대해서는 신문 기사나 각종 매체를 통해서 꾸준히 관심을 갖는 게 필요하다.

하나, 처음부터 끝까지 총비용 따지기

나는 가계부에 지출예산을 세울 때도 역계산을 해서 미리 지출금액을 파악하는 습관이 있다. 보험에 있어서도 마찬가지였다. 연금상품에 가입할 때도 미리 얼마의 원금을 투자해서 내가 몇 살 때까지 불입해야 얼마를 돌려받을 수 있는지를 따져보고 결정했다.

보험은 반드시 언제 종료되고 언제 혜택을 볼 수 있는지를 알아야 한다. 그게 다른 금융상품과의 차이점이다. 그런데 그 어떤 보험회사도 내가 내는 총보험료를 말해주는 곳은 없었다.

가령 매월 20만 원씩 20년 간 분할납부했을 때의 총금액은 원금만 무려 4,800만 원이다. 이렇게 계산을 해보면 어마어마한 돈이라는 걸 알 수 있지만 보통 보험회사에서는 총금액이 아니라 "20년 간 매월 20만 원만 꾸준히 분할해서 내면 돼요."라고 말한다.

사실 연금저축 같은 노후대비를 위한 저축성보험은 적립상품이니 그렇다 쳐도 죽어야 보장받을 수 있는 종신형보험이나 불입 기간이 몇십 년이 넘는 보장성보험의 경우는 가입 기간도 부담스럽지만 해지하면 돌려받는 원금의 비율도 거의 제로 수준에 가깝다(나는 이 '종신'이라는 말과 '보장성보험'이라는 말을 굉장히 싫어한다. 아니 무섭다. 이런 보험은 마치 돈 달라고 막무가내로 떼를 쓰는 사람을 주변에 둔 격이다).

따라서 보험에 가입할 때는 반드시 총지불액이 얼마인지 계산을 해보라고 조언해주고 싶다. 백화점에 가서 옷이나 신발을 살 때는 에누리 가격에 세일 날짜까지 따지면서 정작 몇십 년을 꼬박꼬박 불입해야 하는 보험금은 왜 정확히 따지지 않을까. 정말 애석한 일이다.

둘, 보험 혜택과 환급 시기 제대로 알기

보험에 가입한 이유는 필요할 때 제대로 혜택을 받기 위해서다. 그러므로 불입금액과 기간만 따져볼 게 아니라 어떤 질병 혹은 상황에 닥쳤을 때 보험금을 어떻게 지급받을 수 있는지 등 구체적인 보장 내용과 그 방법을 제대로 따진 후 가입해야 한다. 제대로 알려줘야 하는 혜택임에도 사전에 쉽게 설명해주는 보험회사와 설계사는 많지 않다. 결국 내 돈을 지키기 위해서는 스스로 나서서 알아봐야 한다는 의미다.

셋, 똑똑한 보험 관리법

보험은 가입 전후 꼼꼼한 관리가 필수다. 나는 환급성 연금저축과 같은 보험상품은 가입 후 지금까지도 가계부에 불입 횟수 대비 잔여 횟수가 얼마인지, 완료 후 몇 살부터 환급액을 탈 수 있는지를 정리해서 관리하고 있다. 그러다보면 나의 정확한 자산현황을 알아보는 동시에 미래 예측을 할 수 있고, 이는 다른 저축성금융상품을 가입할 때도 큰 도움이 된다. 나는 보험별로 특성의 구분부터 시작해서 불입액이 수입의 몇 퍼센트를 차지하는지, 그리고 불입 횟수와 잔여 횟수, 변경된 혜택 내용이 있는지도 정기적으로 점검해 엑셀 가계부에 '보험 현황'이라는 장표로 만들어 사후관리를 하고 있다.

넷, 스마트한 보험 찾아보기

스마트한 세상을 살고 있는 만큼 보험의 납입 종류 및 방법에 따라 보험료를 할인받는 경우가 있다는 것도 반드시 알아두자.

그러기 위해서는 가입 전에 꼭 체크해봐야 한다. 실제로 남편의 보험 중 인터넷 가입시 정기예치를 몇 년 이상 했을 때 보험금의 5퍼센트를 할인받는 상품이 있었다. 남편 입장에서는, 가입은 해야겠고 금액은 다소 높다고 생각해서 나름대로 이리저리 알아보고 선택한 상품이다. 이처럼 가입할 때의 혜택 사항도 최선을 다해 알아봐야 한다.

다섯, 내게 꼭 맞는 가입 시기 찾기

보험은 나의 자산 수준, 결혼 예정 시기 등을 생각해서 가입하는 게 좋다. 그러기 위해서는 인생에 대한 라이프맵을 미리 그려봐야 한다. 가령, 내가 싱글이라면 사망종신보험 가입은 미뤄도 괜찮다고 생각한다. 무엇보다 가입 당시 소득 수준과 저축액 비중 등을 고려해서 가입해야 한다. 보험에 가입할 때는 절대 무리해서 안 된다. 제 아무리 좋은 상품이라고 해도 내 상황과 맞지 않은 상품이라면 과감히 가입을 미루자.

거꾸로 가계부는 아등바등 살게 하는 알뜰 지침서가 아니다
김성령, 김희애처럼 우아한 40대로 가기 위한 레드카펫이다

4

40대, 그때를 후회하지 않게 해주는 거꾸로 가계부

"난, 왜 젊을 때 제대로 못했을까?"

거꾸로 가계부를 쓰면
인생이 달라진다

성공하려면 시시한 것들을 포기해야 한다.
하지만 성공하고 나면 포기할 필요가 전혀 없다.
_《백만장자가 된 여성들의 아주 특별한 원칙》 중

돈을 어떻게 써야 하는지 알려주는 사람은 없다. 많은 재테크 전문가들이 돈 불리는 법이나 절약하는 법만 알려줄 뿐 어떻게 돈을 써야 인생이 달라지고 행복해지는지에 대해서는 좀처럼 알려주지 않는다.

나는 돈에 대해서는 문외한인 채로 재테크를 시작했다. 그저 가계부와 함께했을 뿐이다. 아르바이트로 돈을 벌면서부터 일기와 가계부를 썼고 그러면서 돈에 대해 생각하는 시간을 갖게 되었다. 그러곤 서서히 깨닫게 된 것 같다. 무작정 돈을 모으는 것보다 돈이 무엇인지를 아는 게 더 중요하다는 것을 말이다. 그런 생각이 깊어질수록 내 인생도 조금씩 달라지기 시작했다. 비로

소 어른이 되어가고 있었던 것이다.

　대학생 시절과는 달리 매달 월급이라는 이름으로 통장에 꼬박꼬박 찍히는 숫자들을 보면서 어느 누구도 이 돈을 지켜주지 않는다는 생각이 들자, 막연한 불안감이 밀려왔다. '20대 1억원'이라는 꿈은 명확해졌지만 어떻게 하면 그 꿈을 이루는 데 나의 월급이라는 숫자들이 도움을 줄 수 있을지 정말 진지한 고민이 시작됐다. 각종 경제서와 재테크 관련 책을 무섭도록 읽어내려가면서 내 것으로 체득하기 시작했고, 다른 사람의 경험담에 울고 웃으며 내게 꼭 맞는 재테크 옷을 찾아 나섰다. 당시 내가 믿을 건 나의 꿈과 목표, 그리고 뜨거웠던 마음가짐뿐이었다.

돈에 눈을 뜨고 인생에 눈을 뜨다

　"아빠, 돈 벌고 모으는 게 왜 이렇게 힘들어? 이렇게 힘든 일을 아빠는 어떻게 수십 년을 힘든 내색도 없이 해내고 있어?"

　"돈을 벌어야지, 모아야지. 그런 생각만 하고 있으면 힘들지. 그렇게만 생각하면 실제로 잘 안 모여. 혜원아, 돈은 써야 들어오고 풀어야 모아지는 거야. 물론 잘 쓰고 잘 풀어야겠지."

　"음…… 돈을 풀어요?"

　"아빠가 부두에서 일했잖니. 그때 점심 빨리 먹고 식후에 200

원짜리 믹스 커피 한 잔 먹는 즐거움에 힘든 것도 잊고 일하는 아저씨들이 참 많았거든. 근데 대부분의 사람들이 1,000원짜리 지폐를 자판기에 넣는 걸 꺼려했단다. 잔돈이 생기면 그걸로 다른 동료들 커피값도 내줘야 할 것 같았기 때문이지. 근데 아빠는 주머니에 100원짜리가 있어도 그냥 1,000원짜리를 넣고 커피를 뽑았어. 그리고 남은 거스름돈은 다른 동료들 커피 마시라고 그냥 뒀지. 그러면 그 아저씨들이 아이처럼 그렇게 좋아할 수가 없는 거야. 알겠니? 내게는 푼돈이지만 그 돈에도 행복해하는 사람들이 많다는 걸. 덕분에 아빠는 인심을 얻었고, 사람들이 아빠를 좋아해주니까 힘이 들어도 그런 동료들하고 커피 마시는 즐거움에 새벽같이 또 일을 나갈 수가 있었지."

"아……."

아빠의 이야기를 듣고 있다보면 때론 눈물이 날 때가 있다. 200원짜리 자판기 커피에도 행복을 느끼며 열심히 살고 있는 선한 사람들의 이야기는 참 많다. 그렇지만 그 선한 사람들은 돈이라는 것을 부단히 벌고 있음에도 불구하고 좀처럼 살림살이가 나아지지 않는다. 나는 진심으로 그런 선한 사람들이 부자가 되었으면 좋겠다. 물론 아빠를 비롯한 그분들은 내가 생각하는 물리적인 부자는 아니지만 마음만큼은 그 누구보다 부자일지도 모른다. 그럼에도 나는 그분들이 물리적으로도 심적으로도 모두 부자가 되었으면 좋겠다.

나 역시 물리적인 돈만을 원하지는 않는다. 마음까지 부자인 진짜 부자가 되고 싶다. 그래서 돈이란 꿈을 이루는 데 도움을 주는 '숫자 도구'라고 정의한 것이다. 1억 원이라는 돈을 모으기 위해 내가 해온 노력에는 내 인생에 대해 진지하게 고민하며 타인의 인생을 배우는 수업도 함께했다.

기록이 내 인생을 다시 쓰게 했다

나는 소위 '기록녀'다. 집착에 가까울 정도로 내 삶의 모든 것을 기록해나가고 있다. 중학생 때부터 쓰기 시작한 용돈기입장과 일기가 가계부가 되고 미래일기가 되었다. 그리고 지금은 그 기록들을 책으로 쓰고 있다.

대학생 시절 데일 카네기의 《행복론》에 푹 빠져 지낼 때가 있었는데, 그때 나의 상상은 날개를 달았다. 돈은 '모자란 숫자'가 아니라 내 꿈을 이루어줄 '고마운 숫자'가 되어줄 것이라고 생각했다. 아마도 그 무렵부터 내 인생의 라이프맵을 그려나갔고 자연스럽게 미래일기도 끄적였던 것 같다.

사실 말이 거창해 미래일기지, 우리 모두는 이 일기장을 마음속에 하나씩 갖고 있다. 누구나 목표는 있기 때문이다. 다만 그 목표를 나처럼 좀더 구체적으로 적느냐, 생각만 하느냐의 차이가 있을 뿐이다. 이런 꿈이 돈이라는 숫자와 만나 기록되면 가계부가 되는 것이다.

"축하해, 혜원아. 수고 많았어. 억울한 일도 힘든 일도 참 많았을 텐데 잘해왔어. 출퇴근 4시간을 당연하게 여기며 새벽같이 일어난 너의 노력과 진심을 알아주기라도 하듯 앞으로 5년 후, 스물아홉 살 혜원이 너는 숫자 '100,000,000'이 찍힌 통장을 갖게 될 거야. 그리고 드디어 내 명의의 집이 생기고, 그 집 서재에서 너의 이야기가 담긴 책을 쓰면서 이 일기를 다시 보게 되겠지. 지금 얼마나 기쁘니? 꿈이 절실하기에 열정도 컸던 너, 그런 너에게 크고 작은 시련과 고통도 함께할 수밖에 없음을 기억해줄래? 남들과 비교하지 않고 묵묵히 네 마음이 원하는 대로 따르며 마음껏 자유로워지자. 너는 분명 서재가 있는 너의 집에서 너의 책을 쓰게 될 거야."

내 미래일기 중 한 부분이다. 첫 번째 적금통장의 만기 날, 가족들과 함께 기쁨을 누리며 케이크로 축하 파티를 열고서 썼던 것이다.

왕복 4시간의 출퇴근을 하면서 쓰러진 적이 있었다. 부동산 문을 닫고 병원으로 달려와 내 손을 꼭 잡고 "이제 좀 남들처럼 편하게 살자."라고 하던 엄마를 생각하면 지금도 눈물이 흐른다.

매일 새벽 5시면 로봇처럼 일어나서 출근행 버스에 몸을 싣는 딸이 아침을 거를까봐, 더 일찍 일어나 떡을 챙겨주셨던 엄마. 그런 엄마 때문에 나는 내 목표에 대한 책임감까지 갖게 되었다. 이상하게 힘들수록 더 단단해지는 나를 느꼈다. 그때 내 인생의 작은 산을 하나 넘은 느낌이었다. 힘든 줄도 모르고 그렇게 시간을 타고 산을 넘었다. 버스와 지하철 안에서 미래일기를 쓰던 풋내기 신입사원이었던 나는 2년 4개월 만에 6,000만 원이라는 목돈을 거머쥐게 되었고, 직장인이 된 이후 45개월 만에 현금 자산 1억 원을 보유하게 되었다. 그리고 누가 예상이나 했겠나. 스물여덟 살이 되던 해 결혼을 해서 서재가 있는 우리집에서 이렇게 글을 쓰고 있는 내 모습을 말이다.

꾸준히 쌓아나가면 단단해진다

나는 차곡차곡 쌓아나가는 걸 참 좋아한다. 특히 돈을 대함에 있어서 더욱 그렇다. 돈을 관리하고 정리하며 내 에너지를 쏟다 보면 언젠가는 돈도 저절로 내 통장에 쌓여갈 거라고 믿었다. 학자는 공부할수록 지식이 쌓이고, 마케터는 영업을 잘할수록 고객이 쌓인다. 배우는 연기를 잘할수록 팬이 쌓이고, 저자는 좋은 책을 쓰면 독자가 쌓인다. 이처럼 나도 일정한 노력과 긍정적인 마음으로 꾸준히 쌓아서 내 꿈을 이루고 싶었다.

그런데 도대체 얼마나 쌓아야 행복해지는 걸까. 아니 어떻게 쌓아야 행복해질 수 있을까. 아직도 계속 되는 고민이지만 여전히 결론은 쉽게 나질 않는다. 하지만 이제 한 가지는 분명히 알고 있다. 돈이 많다고 삶에 만족하며 살 수 있는 건 아니라는 것을 말이다. 그리고 돈을 쌓아나갈 때도 블록을 쌓을 때처럼 무엇을 만들지에 대한 그림을 머릿속에 그리고 쌓아야 나만의 완성품을 만들 수 있다는 걸 말이다.

요즘 나는 가계부를 쓰면서 스스로에게 이런 질문을 던지곤 한다. '내게 꼭 필요한 것, 내가 가장 좋아하는 것, 그리고 나를 웃게 하는 건 무엇일까.' 꾸준히 가계부를 쓰면서 내 이야기를 쌓아가다보니 어느새 그 기록 속에서 나를 위한 교훈을 발견하게 될 것이다.

곰돌이 푸우에게 삶에서 가장 행복한 순간은 꿀을 먹는 순간이 아니고 꿀을 입에 넣기 바로 직전이다. 내게도 행복한 인생은 돈 많은 꿀단지 속에 존재하지 않는다. 꾸준히 돈을 관리하고, 가계부와 일기를 쓰며 크고 작은 꿈들을 차근차근 이루어나가는 과정, 그리고 성공에 대한 기대감이 있는 삶 속에 행복이 있다. 이 꿀을 다 먹으면 내겐 또 다른 시작이 기다리고 있을 것이다. 그래서 나는 오늘도 가계부를 쓰면서 행복한 인생을 생각하고 오늘 이 순간을 긍정하며 살려고 노력한다.

공부하면서 기다리는 기회는 약속과 같다

가계부에 지출내역과 수입내역을 적다보면 이상하게 호기심이 많아진다. 공과금부터 외식비까지 소소한 지출내역을 적다보면 궁금한 게 한두 가지가 아니다. '세상에 커피 프랜차이즈가 이렇게 많구나. 개인 카페들은 어떻게 운영을 하는 거지? 분명 수익구조가 다를 거야. 그러니까 커피값이 천차만별이지. 그렇다면 커피 한 잔의 단가가 얼마일까?', '아파트 관리비엔 장기수선 충당금이라는 항목이 있구나. 근데 이건 전세로 살 때엔 돌려받을 수 있다는 걸 몰랐네. 역시 세상엔 배울 게 너무 많아…….'

작은 것도 꼼꼼히 따지면서 관리하다보니 궁금한 게 많아지고 자연히 공부하는 습관이 몸에 밸 수밖에 없었다. 이 습관은 나에겐 근력과도 같다. 그래서 긴장해야 하는 순간이 오면 더 강한 힘을 발휘할 것이라 믿는다. 이렇게 세상 공부를 하면서 나는 기회를 낚기 위해 기다리고 있다. 특히 구체적인 목표를 세우고 목돈이라는 미끼를 매달아놓고 기다리면 반드시 기회는 찾아올 것이라 믿는다. 마치 낚시를 할 때 미끼를 던져놓고 물고기를 기다리는 것과 똑같다.

우리는 대부분의 시간을, 돈을 버는 데 쓰고 있다. 반면 그 돈을 잘 관리하는 방법엔 이상하리만치 무관심하다. 심지어 돈을 잘 관리하기 위한 공부에 쓰는 시간을 낭비라고 여긴다. 즉, 돈을 위해 일하지만 돈이 나를 위해 일하게 하지는 못하고 있는 것이다. 하지만 부자들은 돈이 자신을 위해 자신의 꿈을 위해 일하도록 만든다. 어떻게 하면 그렇게 할 수 있을까? 나는 그 비결로 공부하며 기다리는 것을 꼽고 싶다.

돈을 배우며 꾸는 새로운 꿈

미혼 직딩녀 시절, 인천에서 분당까지 왕복 4시간이나 되는 거리를 버스 두 번과 지하철 두 번을 갈아타며 출퇴근하던 나는 상당히 많은 양의 책을 읽었다. 그 자투리 시간은 재테크 공부를 하는 최적의 시간이었던 셈이다. 돌이켜보면 누군가에겐 왕복 4시간의 출퇴근길이 지옥과도 같았겠지만 내게는 천국과도 같은 고마운 시간이었다. 그 시간들이 없었다면 내 인생에 대해 진지하게 고민하거나 미래를 상상할 시간을 갖지 못했을 것이다.

그 시간들은 월급을 지켜주는 든든한 자문위원이었다. 무엇보다 나를 제대로 알게 해주고 나의 강점에 집중할 수 있도록 도와주었다. 그리고 이제는 또 다른 꿈도 꾸어본다. '내 이야기와 내 삶이 언젠가는 다른 누군가가 자신의 꿈을 발견하고 이루는 데 도움이 되면 좋겠다.'라고.

그렇다. 나는 학교를 떠나 직장인이 되어서 진짜 인생 공부를 하고 있다. 그리고 나 같은 소시민의 이야기가 누군가에게 희망과 작은 위로가 되길 바란다(지금 쓰고 있는 이 책도, 당시에 내가 꾸던 간절한 꿈 중 하나다. 그래서 가슴이 벅차다).

거꾸로 가계부를 쓰면
몸과 마음이 건강해진다

'내가 왜 이렇게까지 살아야 하지?'

20대, 1억 원 모으기라는 꿈을 향해 달리던 나였지만 때론 몸과 마음이 무너지는 위기를 겪기도 했다. 아끼기에 급급해서 평소 좋아하는 간식조차 삼가다보니 스트레스가 쌓여 폭식을 하며 몸을 괴롭혔고, 바쁘다는 핑계로 친구들과의 만남도 피하다보니 불현듯 외로움이 찾아오기도 했다. 무엇 때문에 젊음을 제대로 즐기지 못하고 있는 걸까, 왜 부잣집 딸로 태어나지 못해서 이렇게 아등바등 살아야 하는 걸까. 짜증스러운 마음과 복잡한 고민이 가득 차서 한동안 무기력해지기도 했다.

그럴 때마다 나는 가계부를 펼쳤다. 거기에 써내려간 글자들은 모두 내 삶의 흔적들로 내게 '너, 참 열심히 살았구나.'라고 말해주고 있었다. 그렇게 가계부는 돈의 노예가 되어 피폐해져 가는 내 마음에 작은 위로가 되어주기도 하고 때론 따끔한 충고의 말을 건네기도 했다. 나는 이렇게 가계부와 종종 대화를 나누곤 한다.

나의 소울메이트, 가계부와 대화하기

가계부 : 그렇게 스트레스를 받으려고 돈을 벌고 모은 건 아니잖아? 지금까지 열심히 살아온 너의 흔적들을 돌아봐. 꿈은 이루는 과정이 행복해야 진짜 꿈이야. 그렇지 않다면 꿈을 이루었다 해도 의미가 없어.

나 : 그래. 이날 그와 함께 먹은 케이크 한 조각은 값비싼 레스토랑의 음식보다 더 소중한 것이었어. 돈을 펑펑 쓰는 것보다 시간을 함께 써야 행복하다는 걸 알게 됐지.

가계부 : 그것 봐. 돈을 탓하면서 스스로를 힘들게 만들지 마. 너는 지금 네 꿈에 충실하잖아. 불어나는 돈의 액수에 만족하지 말고 네가 진정으로 만족할 수 있는 게 뭔지 곰곰이 생각해봐.

나 : 응, 1억 원을 모으고 싶어했던 내 마음속엔 음악이 흘러나오는 나만의 서재에서 글을 쓰고 있는 내 모습이 있었어.

가계부 : 기억해. 여기에 적어내려가고 있는 너의 그 행복한 마음을. 누군가를 마냥 부러워한 채 스스로를 초라하게 만들지마. 넌 지금 잘하고 있어. 네가 지금 힘들게 모으고 있는 돈이 네 꿈에 어떤 날개를 달아줄지 곧 알게 될 거야.

가만히 생각해보면, 나의 불안과 스트레스의 원흉은 돈이 아닌 바로 내 마음이었다. 무작정 돈을 벌고 모을 생각만 하다보니 어느새 삶의 목표를 잃어버린 것이다. 오로지 1억 원을 모으기 위해 아끼고 아끼는 데 집착하며 어느 순간 나 자신이 초라하게 느껴졌다. 나처럼 돈을 모으지 않아도 이미 잘 사는 사람들을 보면서 우울증에 빠지기도 했다. 그럴 때마다 종종 가계부를 보면서 나에게 말을 걸고 다시 힘을 얻었다. 이는 힘들게 돈을 벌어야 하는 현실과 쓰면서도 행복하지 않은 현실에서 벗어나기 위한 나만의 습관 같은 것이었다.

불안할 땐 '안심통장' 만들기

'열심히 아끼고 저축하면서 살아왔는데, 난 왜 남들처럼 여유롭게 살지 못하는 걸까?' 다들 누군가의 일상을 부러워하며 스스로에게 이런 질문을 해본 적이 있을 것이다. 나 또한 그랬다.

그런 생각이 든다면 냉정하게 자신을 한번 돌아보자. 어쩌면 스스로 그런 현실을 만들고 있는 건 아닌지. 지금까지 돈을 얼마나 모았는지도 모르고, 앞으로 돈을 왜 얼마나 모아야 하는지에 대한 계획조차 없으면서 무작정 남들의 삶을 부러워만 하고 있는지도 모른다.

특히 돈을 쓰고 싶은데 돈이 없다고 느낄 때는 막연한 우울함도 생긴다. 그래서 나는 가계부에 예산을 책정해두고 최대한 그 안에 맞춰 살면서 그런 우울함을 사전에 차단하고자 노력했다. 사실 '지출통장'의 잔고에 맞춰 살다보면, 불필요한 지출에 대한 욕구 자체가 줄어든다. 오히려 예산 없이 무분별하게 쓰다보면 어느새 통장 잔고(심지어 마이너스통장의 잔고)는 사라져가고, 이때 슬슬 감도는 불안한 기운이 더 크다.

무슨 일이든 미리 계획을 세워놓고 시작하면 중간에 시행착오가 생겨도 조바심이 덜 들게 된다. 하지만 계획도 없는 상황에서 돌발사태가 생기면 그야말로 '멘붕'에 빠지게 마련이다. 돈을 쓰는 일도 마찬가지다. 내 꿈을 이뤄줄 저축 목표에 맞춰서 생활비 명목의 지출, 이벤트성 지출을 미리 계획해놓으면 목표 달성의 의지가 생겨 허튼 생각도 줄어든다. 그래서 돈에는 꿈이라는 날개를 달아줘야 하고, 통장에는 꿈을 담은 이름표를 붙여주어야 한다.

사회 초년생 시절, 나는 돈에 대한 심적 불안감을 타파하기 위해서 5~10만 원 수준의 자유적립식 적금통장을 별도로 만들었다. 그 통장의 이름은 불안통장이 아니고 '안심통장'이었다. 일종의 나만의 비상금통장인 셈이다. 간혹 지치거나 나의 꿈이 모두 헛되고 아득하게 느껴질 때면, 아껴둔 용돈이나 부수입을 소비하면서 위안을 찾는 대신, 안심통장에 저축하면서 위로받았다.

'적게 벌면 적게 쓰자.' 돈 때문에 피폐해지지 않으려면 이것만큼 확실한 대안은 없다. 물론 많이 벌 궁리를 하는 게 더 생산적이긴 하겠지만 돈이란 내 맘대로 되는 것이 아니지 않은가. 게다가 빛의 속도로 이동하는 돈의 흐름을 간파하고 있는 사람들은 애석하게도 돈이 많은 사람들이다. 그러므로 평범한 샐러리맨인 내가 돈과 미래에 대한 불안이 급습하기 전에 할 수 있는 일은 가계부를 펼치는 것이다. 그러다보니 어느새 가계부는 내 인생의 든든한 나침반이 되었다.

꿈과 목표를 담은 가계부는 고군분투했던 내 삶의 흔적들을 기억하고 있다. 그리고 돈은 꿈이 이루어질 수 있도록 도와주는 숫자 도구임을 깨닫게 해주었다. 나는 가계부를 쓰면서 수입 – 지출 – 저축의 선순환 구조를 만들어왔다. 행복한 지출, 꿈을 담은 저축을 할 수 있게 해준 가계부 덕분에 결핍 대신 '충분하다'는 말을 더 자주 하며 살고 있다. 아니, 그렇게 살고자 노력하는 중이다.

거꾸로 가계부를 쓰면
미래일기를 쓰게 된다

돈이 있어도 이상(理想)이 없는 사람은
몰락의 길을 걷는다.
_도스토예프스키

결혼 이후 나와 남편은 앞으로 살면서 이루고 싶은 각자의 버킷
리스트를 적으면서 신혼의 단꿈을 꾸었다. 버킷리스트를 통해 서
로의 진심을 이해한 우리 두 사람은 가계를 꾸려나감에 있어서도
적절한 타협점을 찾을 수 있었다. 나는 고정 및 변동수입 그리고
지출을 파악하기 위해 그동안 써온 미혼 시절의 가계부 일체와
공인인증서를 먼저 남편에게 보여주었다. 나의 자산 상태를 먼저
공개함으로써 남편의 신뢰를 얻고자 했고, 더불어 우리 부부의
미래일기를 담은 새로운 버전의 가계부까지 공유했다.

그렇게 미혼 직딩녀로 1억 원 모으기라는 목표를 갖고 숫자
놀이에 한창이었던 나의 '리치 다이어리'는, 새댁이 됨과 동시

에 '해피 B&M 리치 프로젝트'라는 이름의 엑셀 가계부로 재탄생하게 되었다. 그리고 더 이상 혼자만의 꿈이 아닌 '우리'의 꿈을 그려나가기로 했다. 하나의 목표가 달성되면 또 다른 목표를 향해 달려가는 꿈, 이 꿈은 미래일기에서부터 시작된다. 일기를 쓰고 라이프맵을 그려나가면서 꿈과 마음의 근육을 단련시키는 것이다.

'Cafe Heaven 21'의 파티에 당신을 초대합니다

"구조는 복층이고, 원목 책장이 가득한 북카페 같은 느낌의 공간이 될 거야. 인테리어는 미국을 그리워하는 사람들을 위해 미국 지도를 벽에 붙이고 해당 테이블의 이름도 뉴욕, 샌프란시스코, 필라델피아, 라스베이거스 등 도시의 이름을 붙여야지. 아, 메뉴도 그에 맞춘 콘셉트면 좋겠네."

'Cafe Heaven 21'의 꿈은 내 미래일기 속에서 날마다 자라고 있다. 비록 지금은 관련한 업종의 창업 및 스타트업이 될 만한 참조 사업들과 아이디어 관련 서적을 읽는 수준에 불과한 준비 운동을 하고 있지만, 나의 가계부와 미래일기는 그 꿈을 한 문장 한 문장 구체화시키고 있다. 언젠가는 경영자가 되어서 내가 마련한 공간에서 양가 부모님과 사랑하는 사람들을 초대해 파티를 여는 내 모습을 말이다.

그 꿈을 이루어낼 확신이 있는 건 그동안 가계부를 쓰면서 정립한 돈에 관한 나만의 마인드와 경제관념, 무엇보다 꾸준함과 성실함이라는 단순하지만 만고불변의 성공법칙을 체화했다는 자신감 때문이다.

사실 나는 아직까지도 창업이나 부동산에 관한 전문 지식은 많이 부족하지만, 조금씩 배우며 지식을 쌓아가고 있다. 이렇게 세상을 보는 시야를 넓히고 지식의 기초체력을 키우다보면 어느새 나만의 관점을 가진 'Cafe Heaven 21'의 CEO 김혜원이 되어 있을 거라고 믿는다. 살아갈 날이 더 많은 나는 혼자가 아닌 둘이 되어 더 다양한 삶의 이벤트를 겪어나갈 것이다. 그 이벤트들 속에서 돈에 대한 나만의 지식과 가치관을 갖게 될 것이고 또 그것을 기록해나갈 것이다. 그래서 훗날 나의 일기와 가계부를 보면서 결과적으로는 '참 행복하게 잘 살아왔구나.'라고 스스로 만족할 수 있는 내가 되기를 소망한다.

미래일기를 쓰기 위한 라이프맵 그리기

우리의 미래일기가 현재형이 되기 위해서는 가계부도 개정할 필요가 있었다. 미혼이었을 때도 그랬지만 새댁이 된 후, 가계부를 새롭게 작성하는 데 있어서 나는 몇 가지 원칙과 매뉴얼을 만들었다.

첫째, 두 사람의 수입과 지출은 모두 고정과 변동으로 구분하기. 한 사람의 월급이 아닌 두 사람의 월급을 관리해야 했고, 때론 시기별로 상여금이나 출장수당 및 휴일 근무수당과 같은 부수입이 들어올 수도 있음을 감안하여 고정수입과 변동수입으로 구분해 미리 예측해보았다. 지출도 공과금이나 용돈처럼 예상 고정지출과 카드이용금액과 같은 변동지출로 구분해서 해당 금액과 내역을 관리했다. 이렇게 고정적으로 움직이는 돈과 변동적으로 움직이는 돈으로 구분해서 관리하면, 예산을 세울 때도 이에 대비해서 저축예산과 지출예산으로 구분할 수 있기에 좀 더 섬세하고 효율적인 자산관리를 할 수 있다.

둘째, 수입과 지출은 모두 퍼센트(%)로 환산하기. 내 가계부에 반드시 들어가는 칸이 바로 퍼센트다. 나는 월급 대비 모든 저축과 지출의 숫자를 부부의 월수입 대비 몇 퍼센트에 해당하는지 계산해둔다. 굳이 퍼센트를 따지는 이유는 숫자만 나열하면, 우리 수입의 규모상 어느 정도의 비중을 할애해서 돈을 썼고, 또 얼마나 절약하고 있는지 등 돈의 흐름을 파악하는 게 쉽지 않기 때문이다. 하지만 전체 월수입에 비례해 항목별 비율을 퍼센트화하면 월수입 대비 어느 정도를 저축하고, 보험금으로 불입하고, 기타 지출을 하는지 쉽게 파악할 수 있다.

대학생 시절부터 엑셀 가계부를 사용한 주된 이유 중 하나가 바로 이 퍼센트를 보기 위해서였다. 숫자를 넣으면 자동환산할 수 있도록 모두 수식을 걸어두었기 때문에 처음 세팅만 잘해두면 큰 불편함 없이 지출흐름을 파악할 수 있다. 이렇게 지출액을 숫자로 보는 것보다 수입 대비 퍼센트로 확인하면, 훨씬 더 직관적으로 파악되고 절약에 대한 동기부여에도 도움이 된다.

셋째, 저축은 단기·중기·장기 시기별로 계획 세우기. 신혼 초 우리집 가계부를 세팅할 때 나는 대출부터 청산하고 나서 본격적으로 저축상품들을 찾아 나섰다. 그런데 상품을 찾기 전에 불입 시기를 크게 단기와 중기, 장기로 나누기로 결정했다. 그리고 그 시기에 맞게 대출원금상환용 적금, 노후대책용 적금, 창업자금용 적금, 자녀 양육비 지원용 저축, 여행경비를 위한 저축 등 목적별로도 구분해두었다.

이는 내가 신혼 때 세운 우리집 라이프맵을 바탕으로 작성한 것이다. 사실 무작정 돈만 모으는 건 내게는 의미가 없다. 힘들게 일해서 번 돈을 아끼고 또 아껴가며 종잣돈을 모으는 이유는 미래 어느 시점에 달성하고픈 목표가 있었기 때문이었다. 그리고 그 미래의 어느 시점을 상상해나가는 데에는 라이프맵이 필수였다. 일종의 나와 우리 가족의 미래일기라고 할 수 있다. 이렇게 미래일기를 쓰고 라이프맵을 그리면 삶을 살아가는 마음가짐과 돈을 대하는 관점이 달라진다. 그래서 새댁이 된 후배들에게 라이프맵을 시각화해보기를 추천해주곤 한다. 목표가 있어야 종잣돈을 모으는 과정이 덜 힘들고, 모은 후의 기쁨도 배가 된다.

이처럼 나는 새댁이 되어 미래일기를 쓰면서 나의 가계부를 정비해나갔다. 남편과 나의 애칭 이니셜을 딴 'B&M Project'는 드디어 시작된 것이다. 우리 두 사람의 꿈을 실현시켜주고 행복을 불어넣어줄 엑셀 가계부를 내가 만들어가는 인생의 백과사전으로 생각하면서, 저축과 지출에 대한 마음 속 정의를 써내려갔다. 내가 쓴 단어와 그 속에 담긴 마음가짐을 일련의 문장으로 풀어 쓴 것인데, 이는 우리가 앞으로 지켜나가기로 다짐한 약속 그 자체였다.

1. 저축 약속

- 고정저축 : Rich B&M의 행복한 미래를 위한 고정적인 저축액
  (큰 일이 없는 한 꾸준히 목표 퍼센트 지속)
- 변동저축 : 비상 여유자금 확보, 풍요로운 B&M을 위해 저축할 것을 다짐

2. 지출 약속

- 고정지출 : 소비는 대부분 체크카드 사용, 잔고 경각심 및 소비 행태 지속 확인
- 변동지출 : 풍요로운 B&M의 미래를 생각하여, 최대한 낭비/지출되는 부분이 없도록 조심하기

3. 통장 쪼개기 약속

- 급여통장 : 하나로 합체(수입은 각 은행 계좌로 들어오지만 나
  중에는 하나의 계좌로 매달 합체시킴)
- 소비통장 : 체크카드 몰아주기(아내는 본인 명의 체크카드 1개 /
  남편은 아내 명의 체크 + 신용 겸용 하이브리드카드)
- 예비통장 : CMA 비상금통장
- 투자통장 : 적금/예금/펀드(비과세상품 위주로 새마을금고, 농
  협, 동양종금, 미래에셋 등 현명한 투자처 적극 이용)

곧 그리고 꼭 이루어질 꿈 기록하기

신혼 초 나는 가계부에 미래의 꿈을 함께 기록해나갔다. 그리
고 수시로 그걸 들여다보곤 했다. 숫자만 있는 것보다 이렇게 꿈
에 관한 기록을 남겨서 보다보면 우리의 꿈을 도와주는 숫자들
이 고맙게 느껴졌고 저축과 지출에 대한 각오를 더욱 새롭게 다
질 수 있었다.

가계부에 적혀 있는 우리들의 꿈을 보고 있으면 절로 미소가
지어지고 피식 웃음이 나온다. 내게 가계부는 좋은 친구인 셈이
다. 그리고 꿈의 실현가능성을 확신하다보니, 왠지 돈의 움직임
도 다르게 느껴졌다. 마치 꿈이 실현될 수 있게 돈까지도 도움이

되는 쪽으로 변화한다는 생각이 든다.

- 혜원 서른 살 전후에 우리의 2세 출산(행복한 3인 가족의 탄생)

- 5년 안에 현재 기준(집 포함)으로 자산 2.5배 껑충

- 제2의 B&M 파생 : 상가주택 또는 100퍼센트 순수 부동산

   자산(월세의 탄생)

- 5년 안에 우리 남편 승진

- 4년 안에 혜원 새댁 과장 승진

- 7년 안에 작가로 세상에 이름 알리기(퇴직 후의 삶 준비)

- 10년 안에 B&M 자산 5배 이루기

- 2년에 한 번씩 부부 해외여행(일본, 보라카이, 미국, 유럽 등)

이렇게 미래일기를 쓰다보면 왠지 모르게 자신감이 들기도 하고, 비장한 책임감마저 생긴다. 그리고 이 꿈들을 이루기 위해 구체적으로 어떻게 가계부를 관리하고, 우리는 또 어떤 삶의 태도를 가져야 할지 진지하게 생각하게 된다. 남편은 가장으로서, 나는 아내로서 새로운 책임감을 느끼게 되는 것이다. 결혼식장에서 성혼문을 낭독할 때보다 더 부부로서의 삶을 진지하게 받아들이게 됐고 결혼을 했다는 게 실감났다.

가계부를 쓰면서 동시에 적기 시작한 나의 미래일기. 이 꿈들이 있었기에 가계부 속의 숫자 도구들인 돈도 우리들의 꿈을 돕

는 든든한 조력자가 되어주리라 믿게 되었고, 지금도 그 믿음에는 변함이 없다. 물론 그 믿음이 깨지지 않게 하려면 철저한 관리가 필요할 것이다. 그리고 가계부와 함께 우리 부부의 삶도 더 진화해나가야 할 것이다.

거꾸로 가계부를 쓰면
'꽃보다 할배'가 부럽지 않다

내가 나를 위하지 않으면
누가 나를 위할 것인가.
_힐렐

"혜원아. 우리 여행 갈까?"

"응? 갑자기 웬 여행?"

"결혼기념일도 다가오고 그동안 마음처럼 못해준 것도 많았고…… 이래저래 서로 재충전할 시간이 필요할 것 같아. 가자."

"여행…… 근데 어디로? 제주도라도 가려면 서둘러 예약해야 할 텐데……."

"스페인 가자. 상처 입고 얼음장 같아진 혜원이의 마음을 태양의 나라에서 확 녹여버리는 거야."

남편의 뜬금없는 스페인 여행 제안에 흐르는 눈물을 주체할 수 없었다. 사실 당시 나는 지칠 대로 지쳐 있었다. 짧은 결혼 준비 기간과 예상치 못한 단독주택에서의 신혼생활, 결혼하자마자 생긴 빚, 가계부를 새롭게 정리해나가면서 마주해야 하는 현실들, 회사에서 갑자기 바뀌어버린 업무, 잦은 야근과 버거운 일들의 연속⋯⋯. 그 속에서 나는 지쳐가고 있었다.

그러던 중 설상가상으로 뱃속의 우리 첫 아기와 이별하는 아픔도 겪었다. 수술대 위에서 깨어나자마자 오열을 했고, 그 이후에 내가 감당해내야 하는 정신적인 충격은 너무도 컸다. 우린 둘이었지만 나의 외로움은 줄지 않고 오히려 두 배로 커져가고 있었다. 당시 나는 스스로에게 그 어떤 여유도 허락하지 않았고, 숨 한번 제대로 쉬지도 못한 채 몸과 마음 모두 무너져내리는 듯한 고통 속에서 힘든 시기를 보내고 있었다.

그런 나를 보면서 남편 또한 나름대로 힘들었을 것이다. 그간 남편을 '남'의 편이라고만 생각했던 내 어리석음을 깨닫게 되었고, 동시에 그의 진심어린 여행 권유가 고마워서 왈칵 눈물이 났다. 그래서일까. 뜻밖의 여행 제안에 대한 망설임은 오래 가지 않았다. 우리는 떠나기로 했다.

급작스런 스페인 여행이 선물한 쉼표

여행의 설렘과 긴장은 떠난 후가 아닌 떠나기 전에 더 큰 법이다. 마치 소풍 전날처럼. 나 또한 스페인 여행을 단시간에 준비하면서 설레고 기뻤다. 신혼여행을 준비할 때처럼 여행사를 통하지 않고 하나부터 열까지 모두 직접 준비해야 하는 상황이었다. 결혼기념일을 맞아 떠나는 스페인 여행에서 나는 그 어떤 사전 준비도 없이 그저 마음만 준비한 채 떠나기로 마음먹었다. 예약과 일정 짜기 등은 전적으로 남편에게 맡겼다. 너무 숨 가쁘게 달려온 내겐 쉼표가 필요한 시기였고, 아무것에도 연연하지 않고 떠나서 재충전하고 싶었다.

역시나 부부는 서로 닮아가는 것일까. 가계 관리는 내가 주도한다고 생각했는데, 남편도 나름대로 철저하게 수입과 지출을 관리하는 알뜰한 사람이었다. 여행 준비도 그다웠다.

"항공권은 그동안 쌓아온 마일리지로 갈 거야. 숙박은 일부러 게스트하우스로 정했어. 현지인처럼 살아보는 것도 추억이 될 테니까. 최대한 스페인의 정취를 느껴보자. 아무것도 생각하지 말고 그냥 내가 하자는 대로 따라와봐."

사실 걱정이 없었던 건 아니지만 나를 위해주는 그의 마음이 너무 고마워서 그저 묵묵히 남편이 정한 대로 따라갔다. 만약 남편이 화려한 숙소와 비싼 항공티켓을 구매했어도 나는 따라주었을 것이다(물론 그간 검소하게 살아온 내 성격상 약간의 불평은 했겠지만). 하지만 그와 내게 이번 여행은 단순히 돈을 쓰러 다니는 시간이 아니었다. 잠시 동안은 내가 아닌 다른 사람으로 살면서 현재의 번아웃된 나를 돌아보고, 또 앞으로의 나를 건강하게 응원해줄 수 있는 힘을 생성하는 시간이었다. 남편도 나와 똑같은 생각을 갖고 있었다.

꽃보다 할배가 부럽지 않은 우리의 스페인 여행기

때론 일상에도 일탈이 필요하다. 그 일탈은 일상이 잘 흘러가는 데 꼭 있어야 할 필요악인지도 모른다. 내게 스페인 여행은 일탈 같은 선택이었다. 그렇게 마드리드의 마요르 광장에서 가우디의 도시 바르셀로나, 절벽 마을 론다에서 에스파냐 광장으로 유명한 세비야, 그리고 톨레도까지……. 곳곳을 돌아다니며 우리의 결혼 2주년을 기념한 스페인 여행은 시작되었다.

스페인 안달루시아 지방의 중심도시인 세비야는 검붉은 정열의 땅이었다. 아직도 세비야의 에스파냐 광장에서 노을을 바라보며 눈시울을 적신 기억이 선명하다. 바르셀로나로 이동했을 때는 눈앞에 펼쳐진 사그라다 파밀리아 대성당에 전율을 느꼈다. 미완성 대작에 걸맞게 건축에 필요한 자금을 후원자들의 기부금만으로 충당한다는 말을 듣고 더욱 숙연한 기분이 들었다. 성당 안의 스테인드글라스를 통해 사방에서 비치는 빛과 독특하고 기하학적인 무늬의 기둥들을 바라보면서 나는 잠시 나를 잊었다.

가우디만의 천재적인 건축 세계를 느낄 수 있는 까사밀라를 보면서는 역시 위대함은 남을 의식하지 않는 자신만의 독창성과 개성이 깃들어 있어야 함을 절감했다. 마드리드에서 남쪽으로 한 시간 떨어진 도시인 톨레도에서는 중세 스페인으로 돌아온 듯한 시간 여행을 했고, 절벽 마을인 론다에서는 빠에야와 하몽 샌드위치 그리고 샹그리아로 알찬 마무리를 했다.

바르셀로나의 람블라스 거리를 거닐면서 만난 거리의 화가들은 나의 삶을 되돌아보게 했다. 주어진 삶을 소박하게 즐기는 모습이 부러워지면서 숨 가쁘게 달려온 내 자신을 다시 바라보게 된 것이다. 옛 바르셀로나 항구인 포트벨에서 탁 트인 지중해를 바라보며 맞는 시원한 바닷바람에 나의 꿈도 다시 생생하게 살아났다. 그리고 외쳐보았다.

"다시 웃어보자. 모든 건 생각대로 결국엔 나에게로, 다 잘 될 거야."

돈을 럭셔리하게 쓰는 법은 따로 있다

사실 내겐 뚜벅이 기질이 있다. 웬만하면 걸어 다니는데, 대학생 시절에도 그랬지만 그 습관은 지금도 변함이 없다. 걷다보면 일상에서 흔히 볼 수 있는 풍경들도 때로는 다른 의미와 시선으로 보게 되곤 한다(물론 절약되는 교통비는 고마운 부수입이다). 나이를 먹고 경험이 쌓일수록 일상은 마치 여행 같아진다. 어렸을 땐 몰랐던 것들의 의미를 알아차리면서 새로운 나를 발견해 나가는 여행이라고나 할까. 파랑새를 찾아 떠난 치르치르와 미치르의 여행처럼 말이다.

일상은 지루하고 답답하기만 하다가도 어느 순간, 마음만 먹으면 여행처럼 살 수도 있는 것이다. 호시탐탐 떠나고픈 어딘가를 정하고, 꾸역꾸역 짐을 싸서 떠나야지만 여행인 게 아니다. 바깥 공기의 신선함을 느낄 줄 알고, 보이는 것에서 새로움을 발견하고, 새삼 삶을 소중하게 느낄 줄 아는 것. 어쩌면 여행의 본질은 그런 것인지도 모른다. 그러하기에 탈출하고 싶은 갑갑한 일상일지라도 조금만 마음을 바꾸고 관점을 달리 하면 여행지의 일상보다 더 반짝일 수 있다.

스페인 여행 이후, 나는 평범한 일상 속에서 작은 변화를 가져왔다. 늘 타고 다니던 버스도 한두 정거장 미리 내려 집까지 걸어가보고, 마트 대신 전통 시장에서 물건을 사며 시장 상인들의 활기찬 모습을 느껴보기도 했다. 그러면서 걱정과 불안이 엄습할 때는 복잡해진 머리를 잠시 비워낼 줄 아는 여유를 갖게 되었다. 차츰 마음속의 욕심을 비워내고 일상 자체에 숨어 있는 생기발랄한 여유를 느끼는 연습을 하고 있다고나 할까.

갑자기 떠난 여행에서 나는 삶의 새로운 지표를 세우게 되었다. 내가 정말 사랑하고 진정 원하는 게 무엇인지 생각해볼 시간을 갖게 된 덕분이다. 그곳에서 나는 진짜 행복을 찾아가기 위해 조금씩 욕심을 내려놓을 줄 아는 나를 발견했다. 여행의 추억은 몸으로 기억되고 마음에 새겨져 고마운 쉼표가 되어주었다.

돌이켜보면 돈을 가장 보람 있게 쓴 것은 여행인 것 같다. 예전에는 힘들게 일해서 번 돈을 여행비로 쓰는 게 두렵고 또 어리석다고 생각했지만, 이젠 달라졌다. 추억을 위해 돈을 쓰는 것만큼 좋은 투자도 없다는 것을 알게 된 것이다. 소유하기 위한 소비가 아닌, 진정한 나를 찾고 사랑하는 사람과의 추억을 만들기 위한 소비는 내 삶의 진정한 '럭셔리'임을 깨달았다.

가계부 쓰는 새댁의 스페인 여행 준비기

- 항공권

해외 출장이 잦았던 남편은 훗날 가족과의 해외여행을 염두에 두고 마일리지를 차곡차곡 쌓아두었다. 기특하고 고마운 남편 덕분에 우리 둘은 400만 원 가까이 하는 유럽 왕복 항공권을 공짜로 티켓팅했고, 당시 유류 할증료 79만 8,600원만 내고 비행기를 탈수 있었다.

- 숙박

호사스러운 호텔 대신에 스페인 곳곳을 직접 돌아다니며 여행하기로 결심한 뒤, 조식이 제공되는 현지의 아담한 게스트하우스와 한인 민박집에서 묵기로 했다. 덕분에 한 끼 식비를 절약할 수 있었고, 누구나 다 아는 유명 관광지나 맛집뿐 아니라 현지인들이 추천하는 알짜 여행지를 돌아다닐 수 있었다.

- 현지 교통

해외여행지에서도 내 사전에 택시란 있을 수 없다. 이번 스페인 여행에서도 마찬가지였다. 스페인의 각 도시들을 연결시켜주는

'렌페'라는 교통수단을 이용하기로 결정하고, 미리 정해놓은 목적지별로 기차를 예약해두었다. 역시나 그 덕분에 스페인 곳곳의 지방 도시들을 돌아다니면서 교통비를 줄일 수 있었다

Tip : 교통수단은 선예약을 할수록 가격이 더 싸므로 일정과 방문 지역이 정해지면 렌페부터 예약하는 게 좋다.

– 알뜰 해외여행을 위한 나만의 법칙

1. 신용카드는 가급적 사용 안하기. 환율이 하락하는 추세에는 카드 결제가 유리할 수 있지만 보통 해외에서 신용카드를 사용하면 수수료가 2~2.5퍼센트 정도 추가된다. 그러니 환전우대수수료를 최대한 받아서 현금으로 바꾸고 그 현금을 사용한다.

2. 환전은 주거래 은행이 아니라 환전우대이율이 최대한 높은 은행에서 한다.

3. 숙박은 되도록 현지의 특색을 즐길 수 있는 곳 선택하기. 요즘은 특히 에어비앤비와 같은 여행자와 숙소를 연결해주는 서비스가 있어서 현지인의 빈집과 빈방을 온라인으로 쉽게 예약할 수 있다. 나는 다음에 해외여행을 갈 때는 꼭 이 서비스를 이용할 것이다(사실 에어비앤비에 언젠가 나의 집도 등록해서 여행자에게 제공하고 싶다). 호텔보다 저렴한 가격으로 현지인의 가정집에서 숙박할 수 있으며, 알짜 정보까지 들을 수 있기 때문에 일석이조다.

거꾸로 가계부를 쓰면
삶의 속도를 조절할 수 있다

삶은 위기를 통해
인간을 겸손하게 만든다.
_데이비드 노어

요즘 들어서 나의 20대 시절의 가계부와 일기장을 펼쳐보곤 하는데, 그럴 때면 참 가관이라는 생각이 든다. 평범한 집안의 장녀로 태어나 동생 챙기고 부모님 걱정하고, 대학에 입학해서 장학금 받고 야학 봉사활동에 아르바이트까지 정말 바쁜 삶을 살았다.

그리고 목표한 1,000만 원 통장을 만들기 위한 노력, 사회 경험을 위해 휴학을 결정하고 임했던 인턴생활, 비영리단체에서 봉사활동을 하며 진행한 재미난 프로젝트 등……. 내가 이것들을 다 해냈다는 게 믿기지 않을 정도로 잠시도 쉬지 않고 정말 치열하게 20대를 살았다. 그래서인지 제대로 쉬는 법, 삶의 속도를 조절하는 법을 몰랐다.

결혼 후 아픈 심신 덕분에 무작정 떠난 우리 부부의 스페인 여행은 내게 잘 쉬는 법을 알게 해준 여행이었다. 그동안 내가 세운 꿈과 목표였지만 그것을 향해 달려가면서 나는 늘 쫓기는 듯했고 불안했다. 그럴 때마다 가계부를 보면서 현명하게 잘 살고 있다고 다독였지만 사실 나는 감당할 수 없을 만큼 지쳐가고 있었던 것이다.

"우리 딸 언제 철들꼬." 결혼 후 여러 가지 안 좋은 일을 겪으며 힘들어하는 나에게 친정엄마가 하신 말씀이다. 너무 앞만 보고 달리는 딸이 안쓰러웠던 것이다. 게다가 인생에 있어 정말 소중한 건강과 가족의 사랑을 지키려는 노력이 부족한 딸이 안타까웠을 것이다.

내 인생에 가장 아팠던 성장통

"축하합니다. 8주 되셨네요."

"근데 큰일이에요. 아이의 심장이 뛰질 않네요."

"혜원 씨, 배에 피가 차서 급히 수술해야 하는데…… 임신중이었네요. 어쩌죠."

살다보면 누구에게나 나쁜 일들이 한두 번쯤 일어난다. 때로는 삶 자체를 완전히 무너뜨릴 것만 같은 끔찍한 일이 일어나기도 한다.

내게도 그런 일들이 있었다. 가계부에 수술비와 병원비 항목을 적어내려가면서 한없이 눈물을 흘렸고, 나와 잠시 함께했던 생명들에게 '안녕'을 속삭였다.

결혼 후 4개월 만에 가진 나의 '만금이'는 억만금을 주고서라도 바꾸지 않을 소중한 아가라는 의미의 촌스러운 태명을 가진 채 나와 잠시 함께했었다. 만금이와 나는 발렌타인데이에 이별했다. 그리고 아픔이 채 가시기도 전인 올해, 이 책을 한참 쓰기 시작한 5월의 첫째 날, 사랑을 가득 받고 자라야 할 나의 두 번째 아이 '사랑이'는 엄마의 피치 못할 수술 치료로 인해 역시 하늘로 떠나보내야만 했다.

이미 가입해둔 건강보험과 실비보험에서 그간의 수술비와 통원진료비가 통장으로 환급되어 들어왔을 때, 나는 다시 한 번 오열을 했다. 못난 엄마를 만나서 세상에 나오지 못하고 이름만 남긴 채 떠나야 했던 두 아이를 생각하면 나는 가끔 살아 있어도 살아 있는 게 아닌 듯한 마음이 들 때가 있다. 당시 내가 감당해야 하는 슬픔의 무게는 돈이라는 숫자로는 절대 따질 수조차 없는 것이었다. 그 아픈 시기가 지나간 후 나는 지금 새롭게 내 삶의 속도를 조절해나가고 있다.

나만의 삶 꾸려나가기

최근에 TV를 보다가 맨발의 신문배달 할아버지 일화를 접했다. 할아버지는 월급을 모아 2,300권에 이르는 책을 샀고, 작은 집을 책으로 가득 채우고 있었다.

헨리 데이비드 소로우의 《월든》은 꼭 읽어봐야 한다고 추천하면서 참으로 행복한 표정을 짓고 있던 할아버지는, 푼돈을 꾸준히 모아 자신이 좋아하는 책을 사서 읽으며 생애 최고의 행복을 느끼고 있었다. "《월든》 한번 읽어보시게. 우리가 돈을 좇으며 얼마나 허무하게 생활하고 있는지 깨달을 수 있을 거야. 그뿐이 아니야. 자연이 얼마나 귀중한 건지 절실히 느끼게 해줍디다. 신문배달? 그거야 뭐 돈 주고 책 사서 볼 수 있을 때까지 계속해야지, 허허."

할아버지의 삶에는 넓은 평수의 아파트도, 온갖 산해진미로 가득한 기름진 식탁도 필요 없어보였다. 그저 한 권의 책을 사 볼 수 있는 소박한 돈을 벌면서, 온전히 자신의 삶을 누리고 있는 듯했다.

가계부를 쓰다보면 자산 현황과 지출 흐름 등 깨알 같은 숫자들을 물끄러미 쳐다만 볼 때가 있다. 그동안 내가 돈을 얼마나 벌었고 또 얼마나 썼으며, 앞으로 또 어떻게 벌어나가야 하는지 등 너무 돈만을 생각하며 앞만 보고 달려갔던 건 아닌지 반성을 하면서 말이다.

최근에 갑작스레 암에 걸려 투병생활을 하시다가 결국 세상을 떠난 친척의 장례식장에 다녀왔다. 젊은 나이에 돌아가신 고인의 삶도 안타까웠지만 남겨진 가족들을 보니 마음이 씁쓸했고 삶의 허무함이 밀려왔다. 참 열심히 일하고 돈을 모았던 분인데 결국 이렇게 허무하게 사랑하는 사람 곁을 떠나는구나 싶은 마음이 들었고, 생의 마지막이 왔을 때 무엇이 가장 소중할지를 다시 생각해보게 되었다.

버리고 심플하게 살기

나는 엄마에게서 덜 가지면서도 더 행복한 법을 배웠다. 정리정돈 달인인 엄마에게서 배운 정리 습관으로 끊임없이 옷장과 신발장, 가방과 서랍들을 정리하다보니 내 살림은 늘 간소했고 마음가짐도 늘 정리정돈이 되는 것 같았다.

뭐든 쌓아나가는 걸 좋아하지만 물건을 사서 제대로 쓰지도 않고 쌓아두는 건 좋아하지 않는다. 그래서 날마다 버리고 또 정리한다. 어쩌면 가계부를 정리하면서 쓸데없는 군더더기를 없애는 연습을 해나가고 있는지도 모르겠다. 나는 어수선하게 정리되어 있지 않은, 목적 없이 그저 남겨져 있는 가계부 속 숫자들을 용납할 수가 없다.

정리를 해본 사람이라면 알 것이다. 물건이든 사람이든 사랑이든 나에게 좋은 기운을 불어넣어주지 못하고 힘들게만 한다면 정리가 필요하다는 것을. 그것을 정리하고 나면 무겁게 나를 옥죄던 것에서 비로소 풀려나 행복과 기쁨이 뭔지 새삼 깨닫게 된다는 것을 말이다. 그러고 나면 진짜 원하는 것에 나의 모든 에너지를 쏟아부을 수 있게 된다.

어수선하게 널부러져 있는 마음 때문에 헤매고, 목표와 행선지 앞에서 갈팡질팡하지 않으려면 최대한 심플하게 주변을 정리하고 버리는 연습을 해야 한다. 그렇게 버리다보면 살면서 불필요한 것들이 쌓이는 일은 줄어들게 된다. 그 과정에서 나는 나만의 삶을 공식을 만들었다.

행복한 삶의 공식
=(살아 있는 설렘 + 일상의 기쁨)-(과거의 욕심 + 허황된 미래의 집착)

나는 주거공간뿐 아니라 일상을 지배하는 돈과 사람도 때론 정리정돈이 필요하다고 생각한다. 복잡해진 마음과 인간관계를 정리해나갈수록 삶이 평온해짐을 느낀다. 그리고 나처럼 빠른 속도로 달려온 이들이라면 가끔은 브레이크를 밟을 필요가 있다. 잠시 멈춰 서서 호흡을 가다듬고, 삶의 속도를 다시 정하는 거다. 내가 결혼 후 겪은 일련의 불행과 스페인 여행이라는 선물은 그런 브레이크와도 같은 역할을 해주었다.

때론 급브레이크를 밟아서라도 멈추기

재테크 서적과 행복에 관한 책이 끊임없이 출간되는 이유는 돈 때문에 행복하지 않은 사람들이 많기 때문일 것이다. 하지만 대부분의 책들이 돈 버는 법은 알려주지만 돈을 대하는 법은 알려주지 않는다. 행복의 정의를 찾아내려는 책은 많지만 지금 충분히 행복하다는 것을 발견하게 하는 책은 많지 않다.

최근에 본 영화 〈명량〉에서 가장 기억에 남는 대사는 역시나 이순신 장군의 그 유명한 명언이다. "죽고자 하면 살 것이고 살고자 하면 죽을 것이다." 돈도 마찬가지라는 생각이 든다. 돈으로 인생을 가득 채우고자 하면 돈은 내게서 떠나갈 것이다. 옛날의 나는 '내 만족을 위해서' 지갑 여닫는 일을 반복했다. 물론 지갑은 열리는 경우보다 닫히는 경우가 더 많았다. 그러나 앞으로는 '행복을 나누기 위해' 돈을 써보기로 했다. 나뿐 아니라 내 주변 사람들과 행복한 시간을 공유할 때 돈이 필요하다면 행복하게 쓰면서 더 열심히 일해야겠다고 다짐한 것이다.

돈과 삶, 그 둘은 참 정직하다는 생각이 든다. 그래서 더 겸손

한 마음이 들기도 한다. 아직은 돈도 인생도 잘 다룰 줄 모르는 초짜지만 내 꿈과 그것을 이루기 위한 기록을 통해 나는 계속 진화해갈 것이다. 나의 가계부와 일기장은 그런 나를 믿어줄 것이기 때문이다.

어디로 가야 할지 길을 잃은 날,
나는 거꾸로 가계부를 펼친다

"누나, 난 돈 욕심은 별로 없는 것 같아. 부자가 되고 싶다는 남들 말에 별로
공감이 안 가는 걸 보면."

"무슨 뜬금없는 소리?"

"묵묵히 내 할 일 해서 월급 받고, 그 돈 저축하면서 분수에 맞게 살면 되는
거지. 다른 사람들처럼 돈돈 하면서 골치 아프게 살고 싶지 않다는 말이야."

"흠, 회사 들어가자마자 연봉 많이 받으니까 밥벌이가 만만해 보이시나, 김
과장님?"

"만만하게 보는 건 아니고, 주위 사람들이 돈에 전전긍긍하며 직장 다니는
현실이 하도 답답해서."

"너야 허투루 돈 안 쓰고 어련히 알아서 적금 잘 부을까 싶다만, 사람들이
돈에 대해 고민하는 건 단지 돈 그 자체만을 원해서는 아니라고 생각해. '인

생'이라는 집을 신축해서 살다보면 때론 수리도 해야 하고, 그야말로 내 인생을 '설계'해나가며 사는 법을 고민하는 거지. 회사에서는 너처럼 쾌속 승진하는 경우도 있지만, 인생에 급행열차는 없더라. 거쳐야 할 정거장이 반드시 있는 법이지. 어느 정거장을 거쳐 어떤 여정으로 여행할지 계획을 세우고 미리 여행 경비를 준비한다고 생각해봐. 그게 왜 쓸데없는 고민이니?"

"네네네 선생님, 긴 말씀은 다음 기회에!"

이제 막 사회생활을 시작해 3개월째 월급을 받고 있는 동생과 나눈 이야기다. '돈에 대해 욕심이 없다.'는 동생의 말에 나는 '네 자신을 속이지 말라.'는 말을 해주고 싶었다.

동생은 대학생 때부터 돈을 쫀쫀하게 관리하며, 지독할 정도로 가계부와 일기를 매일 쓰는 나를 잘 이해하지 못했다. 결혼 초엔 남편조차 나를 화성에서 온 여자쯤으로 여기며 신기해하기도 하고, 힘들어도 했으니까…….

하지만 돈을 버는 이유가 무엇인지 생각해보면 사정은 좀 달라진다. 우리가 돈을 버는 이유는 '행복'해지기 위해서다. 최소한의 행복을 위한 수단으로서 숫자 도구는 반드시 필요하다. 먹고 싶은 음식을 먹고, 가고 싶은 곳을 망설임 없이 여행할 수 있다면 얼마나 행복하겠는가.

한데 지갑 관리, 통장 관리조차 제대로 할 줄 모르고, 왜 돈을 벌어야 하는지 이유조차 모른 채 그저 월급날 통장에 찍힌 숫자를 보며 잠깐 기뻐하는 삶이 반복된다면 우리가 정말 행복할 수 있을까? 미래 계획 없이 당장의 월급에 안도하며 살다가, 훗날 가정의 경제활동에 문제가 생겨 힘들어질 수도 있다.

출판사에 마지막 원고를 보내고 난 후, 과연 어떤 사람들이 이 책을 읽고 공감해줄까 새삼 고민스러웠다. 개인적으로 내게는 '책을 통해 세상과 소통하는 작가'라는 꿈 하나가 실현되는 순간이지만 정작 책을 읽는 독자들에게는 어떤 의미가 될지 걱정도 되고, 궁금하기도 했다.

그러던 중에 월급통장이 생긴 남동생과 이야기를 나누다가 내 가계부 이야기가 진정한 경제적 자립을 꿈꾸는 이들에게 도움이 될 수 있겠다는 믿음이 생겼다. 특히 아직도 월급에 꿈이라는 날개를 달아주지 못했거나, 월급통장에 찍힌 숫자가 어디로 어떻게 흘러가고 있는지 알지 못하는 이들(그건 내 삶이 어디로 흘러가는지 모르는 것과 같다고 생각한다)에게는 '거꾸로 가계부' 쓰기가 따라해볼 만한 습관이라고 생각한다.

나보다 많은 월급을 받는 이들이 20대에 1억 원의 벽을 넘어설 수 있었던 비결을 물어오거나, 주식통으로 소문난 선배가 어느 날 마이너스 통장 타령을 할 때, 내 가계부가 그 어떤 고수익 보장 상품보다 알짜배기 재테크 수단이자 돈을 부르는 습관임을 깨닫곤 한다. 무엇보다 나는 가계부를 쓰면서 돈을 버는 이유를 확실히 알게 되었다. 가끔 방향성을 잃어버려도 가계부를 보고 있으면 어디로 가야 할지 방향이 보인다. 내가 진정으로 원하는 것이 무엇인지 다시 한 번 깨닫고, 그것을 이루기 위한 노력을 즐기게 된다.

나는 돈이라는 것을, 꿈을 이루어주는 고마운 숫자 도구라고 생각한다. 그래서 언제부턴가 그 꿈을 이루는 데 도움이 될 돈이 얼마나 필요한지 역계산해서 가계부에 써넣는 버릇이 생겼다. 그 숫자들을 보면 절약하며 사는 삶이 고달프지만은 않다. 남에게 보여주는 삶을 사는 게 아니라 단지 나의 삶을 살아갈 뿐이고, 내겐 나만의 꿈이 있기 때문이다.

20대의 나는 1억 원의 벽을 넘었고, 지금의 나는 서재가 딸린 나의 집에서 소박하게 글을 쓰는 꿈을 실현했다. 그리고 현재 나는 '갓 구운 빵과 음악, 그리고 책이 함께하는 학습문화 공간'이라는 새로운 꿈을 향한 도전을 시작했다.

모든 여행에는
자신도 모르는
비밀스런 목적지가 있다.
_마르틴 부버

나의 가계부 속에 적혀 있는 글귀다. 인생이라는 긴 여정 속에 나만의 비밀스런 목적지는 있어야 하지 않을까. 아직 그 목적지를 정하지 못한 나의 동생 그리고 오늘도 고군분투하는 모든 직딩 남녀들에게 나의 가계부 이야기가 부디 작은 도움이 되었으면 좋겠다. 그리고 진심으로 응원한다.